Edgar Mayer

Überrascht vom Heiligen Geist

EDGAR MAYER

ÜBERRASCHT VOM HEILIGEN GEIST

Es gibt mehr, als du denkst

ReformaZion

Originally published in English under the title:
SURPRISED BY THE HOLY SPIRIT

by **EVANGELISTA MEDIA** srl
Via Maiella, 1
66020 San Giovanni Teatino (CH) - ITALY

ReformaZion Media
Braasstraße 30
D – 31737 Rinteln
Fon (05751) 97 17 0
Fax (05751) 97 17 17
info@reformazion.de
www.reformazion.de

1. Auflage, Juli 2017
ISBN 978-3-938972-77-9

Die Bibelzitate wurden, wenn nicht anders angegeben,
der Revidierten Elberfelder Bibel, R. Brockhaus Verlag Wuppertal, entnommen.

Inhalt

Meiner Frau Tatjana Georgette
und unseren Töchtern Dominique und Francisca

Vorwort

Als Edgar Mayer sein Motorrad vor unserem Motelzimmer abstellte, hätte ich mir nie träumen lassen, welch tiefer und dennoch kindlicher Glaube auf diesem Mann ruhte. Er lächelte und kam zur Begrüßung zu uns hinüber. Irgendetwas war anders an ihm. Vielleicht war es sein ruhiges Auftreten oder das Funkeln in seinen Augen, was man bei Menschen findet, die den Geist Gottes lieben. Ich hätte es gar nicht klar beschreiben können – wusste aber, hier stand ein außergewöhnlicher Mann vor mir. Wir trafen uns nicht zum ersten Mal. Unsere Wege hatten sich schon mehrere Male zuvor gekreuzt. Stets hatte mich die Ausstrahlung dieses Mannes beeindruckt – seine Bescheidenheit, aber auch die Offenheit für Geistliches.

Als Lutheraner hatte Edgar Mayer in Australien und Deutschland Theologie studiert. Er hatte schon die erstaunlichsten Manifestationen in seiner Gemeinde erlebt, nach denen sich andere noch ausstrecken und darum beten. Als ich das Manuskript zu seinem Buch *„Überrascht vom Heiligen Geist"* in den Händen hielt, war mir klar, hier war mehr enthalten als bloßer Lesegenuss. Dieses Buch würde zu einem Klassiker werden. Ich konnte es kaum an die Seite legen. Manchmal schaute ich mir die angegebenen Bibelstellen und präzise zum Ausdruck gebrachte Theologie genauer an. Und zeitweise lachte ich laut und freute mich an der humorvollen Art Gottes, mit ihm umzugehen, ihn vorzubereiten und zu gebrauchen, um Erneuerung und eine erstaunliche Ausgießung des Geistes in seine Gemeinde zu bringen.

Durch folgende Aussage war mir klar, dass ich dieses Buch lesen musste: „Mein Hunger und meine Verzweiflung nach Gott waren größer als irgendwelche Vorsichtsmaßnahmen. Genauer gesagt: Der Geist kam zu mir und in unsere Versammlung – nicht aufgrund unserer aktiven Suche, sondern weil Gott eingriff. Gott überraschte uns."

Das vorliegende Buch wird dich auf eine Reise mitnehmen. Hier wird mehr als bloße Theologie vermittelt, obwohl auch diese auf ausgezeichnete Weise verdeutlicht wird. Es wird dich in die Tiefen Gottes führen, eine Begeisterung für ein Abenteuer mit dem Heiligen Geist freisetzen und einen Hunger nach mehr vom Heiligen Geist in dir entzünden. Du wirst klar erkennen, was mit einem Herzen und einer Gemeinde geschehen kann, die nach mehr von Gott und Seinem Heiligen Geist suchen.

Ich möchte dieses Buch nicht nur empfehlen, sondern dich zum Lesen drängen. Lass dich von Gott zu neuen Dimensionen inspirieren! Sei bereit für einige Überraschungen, die deine Denkweise konfrontieren könnten. Freu dich aber auch auf die wunderbare und begeisternde Art Gottes, dich zu einer frischen Bewegung des Geistes für dein Leben und das deiner Gemeinde vorzubereiten.

Willkommen im Abenteuer von *Überrascht vom Heiligen Geist – Es gibt mehr, als du denkst.*

Suzette Hattingh
Evangelistin und Gründerin von Voice in the City

Einführung

Nach fast neun Jahren Vollzeitstudium, drei theologischen Abschlüssen, einer veröffentlichen Dissertation und sechs Jahren Gemeindeerfahrung in einer protestantischen Kirche hätte ich eigentlich mit mir zufrieden sein können. Dem war aber nicht so. Mein gesamtes Lernen hatte meinen Hunger nach Gott nicht gestillt. Ich hoffte auf mehr, und es gab tatsächlich noch mehr. Dieses Buch handelt davon, was Gott in unserer Gemeinde und in meiner Familie gewirkt hat. Er überraschte uns mit dem Heiligen Geist und Erfahrungen, die in der Bibel verheißen sind, die ich aber nie verstanden hatte.

Jesus hatte Seinen Jüngern gesagt, sie würden „mit dem Heiligen Geist getauft" werden (Apostelgeschichte 1:5). Als dies schließlich zu Pfingsten geschah, erklärten die Jünger, das Geschenk des Heiligen Geistes sei jetzt für jeden neuen Gläubigen verfügbar (siehe Apostelgeschichte 2:38+39). Diese biblische Aussage ist nicht schwer zu verstehen. Deshalb hätte mir, dem Bibellehrer, diese grundlegende christliche Erfahrung mit dem Heiligen Geist vertraut sein müssen – dem war aber nicht so.

Erst einmal hatte ich viele Fragen und fand die ganze Thematik ziemlich verwirrend. Jedes Buch schien aus einer anderen Ecke zu kommen, und ich konnte die vielen Einzelstücke nicht zusammenfügen. Ich habe den Verdacht, auch andere könnten meine anfängliche Verwirrung teilen. Daher habe ich versucht, anhand der Bibel zu erklären, was „mit dem Heiligen Geist getauft zu sein" (Apostelgeschichte 1:5) bedeutet. Entspricht dies der Wassertaufe? Was sind die Vorteile der Geistestaufe? Wie kann man diese bekommen? Wie hängt sie mit geistlichen Manifestationen, Leiden, geistlicher Kampfführung und der Gabe der Zungenrede zusammen?

In diesem Buch wird die Lehre der Bibel anhand wahrer Lebenserfahrungen verdeutlicht, welche die biblische Wahrheit bestätigen.

Mögest du, lieber Leser, Gott noch mehr entdecken und dich an Ihm erfreuen.

1
Das Wort allein ist nicht genug

Die Erfüllung mit dem Heiligen Geist

Als Kind habe ich Bücher nicht ungern gelesen, aber meine Leidenschaft galt dem Sport. Jeden Tag spielte ich draußen Fußball. In der Schule strebte ich nicht nach guten Noten, wollte aber immer den Sinn des Lebens verstehen und suchte nach Antworten. Seit frühester Kindheit war ich Christ; aber als Jugendlicher war ich wie vor den Kopf geschlagen, denn die Wahrheit der Bibel wurde sogar innerhalb der Kirche in Frage gestellt. Was sollte ich also glauben?

Eigentlich hatte ich meinen Ruf als Pastor nie angezweifelt. Es war ein Segen, als Gott mich von Deutschland nach Adelaide in Australien brachte, und ich mich an einem Luther-Seminar einschrieb. Hier wurde biblische Lehre mit Glauben verbunden, und ich vertiefte mich in das Studium der Schriften. Immer mehr Zeit verbrachte ich in der Bücherei. In späteren Jahren wurde mir sogar ein eigener Gebäudeschlüssel anvertraut. Ich hatte meinen eigenen Tisch, auf dem sich die Bücher türmten.

Im Seminar begeisterte mich die Aussage, dass eine genaue Bibelauslegung die Wahrheit über alles erschließt. Es gab so viel zu entdecken, aber was unter der Oberfläche verborgen lag, verpasste ich beim Lernen. Die Bibel allein ist nicht genug, obwohl sogar Lutheraner und andere christliche Konfessionen gemäß dem alten lateinischen Slogan *sola scriptura* „das Wort allein" dies als einzige Quelle und Autorität über jeglichen Lehrinhalt in der Kirche sehen. Diese Losung war praktisch und steht nicht zur Diskussion. Aber zumindest meiner Meinung nach fehlt hier etwas. Und so suchte ich weiter.

Als Jesus von den Toten auferstand, erklärte Er noch einmal, warum Er leiden musste, und konfrontierte Seine Jünger mit einer deutlichen Lehre. Die Devise „nur das Wort" bestätigte Er auf Seine Art folgendermaßen:

> **Er sprach aber zu ihnen: Dies sind meine Worte, die ich zu euch redete, als ich noch bei euch war, dass alles erfüllt werden muss, was über mich geschrieben steht in dem Gesetz Moses und in den Propheten und Psalmen. Dann öffnete er ihnen das Verständnis, damit sie die Schriften verständen, und sprach zu ihnen: So steht geschrieben, und so musste der Christus leiden und am dritten Tag auferstehen aus den Toten und in seinem Namen Buße zur Vergebung der Sünden gepredigt werden allen Nationen, anfangend von Jerusalem.**
>
> Lukas 24:44-47; siehe auch Lukas 24:25-27

Jesus erschloss den Jünger die biblische Wahrheit über Seine Person. Sie sollten erkennen, dass alles über Ihn schon in den Schriften angedeutet und vorhergesagt worden war. Sie konnten „dem Wort allein" vertrauen und auf der Grundlage des Wortes fehlerfrei predigen. Als Jesus sie später verließ, waren sie gut vorbereitet.

> **Und es geschah, während er sie segnete, schied er von ihnen und wurde hinaufgetragen in den Himmel. Und sie warfen sich vor ihm nieder und kehrten nach Jerusalem zurück mit großer Freude; und sie waren allezeit im Tempel und priesen Gott.** Lukas 24:51-53

Nachdem Jesus die Jünger unterrichtet hatte, und sie Gott bei Seinem Abschied voller Freude lobten, hätte man annehmen können, sie wären für ihren Auftrag bereit gewesen. Als ich meinen Abschluss am Kirchenseminar erhielt, fühlte ich mich zum Handeln bereit. Denn auch ich lobte Gott und hatte genug gelernt, um die Schriften wohlgegründet predigen zu können. Mit Enthusiasmus begann mein Dienst in der ersten Gemeinde. Der Arbeitsbeginn war großartig, und ich trat wahrscheinlich wie ein junger und verheißungsvoller Pastor auf – aber war ich wirklich bereit? Ich war es nicht.

Trotz all meines Wissens, meiner Pläne und Programme stand ich einer alternden, rückläufigen Mitgliederzahl in einer Gegend vor, deren Bewohner jünger als der Landesdurchschnitt waren. Nach sechs Jahren gab es keinen einzigen Bekehrten.[1] Niemand beschuldigte mich für die mangelhaften Ergebnisse, denn meinen Kollegen erging es nicht besser. Die Landeskirche hatte sich an den Schrumpfungsprozess gewöhnt. Ich aber verzweifelte und zwar aus gutem Grund – denn ich war nicht bereit.

Als die ersten Jünger die Bibel verstanden hatten und voller Freude waren, warnte sie Jesus, nicht sofort zu predigen, sondern zunächst in Jerusalem zu warten.

Neben dem Wissen und dem Lobpreis benötigten sie noch etwas anderes. Das Wort allein war nicht genug. Und dies sagte Jesus Seinen Jüngern:

> **Und als er mit ihnen versammelt war, befahl er ihnen, sich nicht von Jerusalem zu entfernen, sondern auf die Verheißung des Vaters zu warten – die ihr, sagte er, von mir gehört habt; denn Johannes taufte mit Wasser, ihr aber werdet mit Heiligem Geist getauft werden nach diesen wenigen Tagen. ... Aber ihr werdet Kraft empfangen, wenn der Heilige Geist auf euch gekommen ist; und ihr werdet meine Zeugen sein, sowohl in Jerusalem als auch in ganz Judäa und Samaria und bis an das Ende der Erde.**
>
> Apostelgeschichte 1:4-8; siehe auch Lukas 24:49

1 Vielleicht gab es ein oder zwei „Bekehrte", die sich in ein lutherisches Mädchen verliebten.

Es war mir nie in den Sinn gekommen, dass mir ein größeres Maß des Heiligen Geistes in meinem Leben fehlen könnte. Auf der Jagd nach Wissen und nach mehreren theologischen Abschlüssen schätzte ich „das Wort allein". Ich nahm an, dies würde mich über die Ziellinie bringen, und nichts anderes sei nötig. War die Predigt einwandfrei und wahr, würde sie nicht leer zurückkommen. Aber gemäß Apostelgeschichte 1 war Jesus anderer Meinung. Er erklärte Seinen Jüngern, das Wort Gottes allein sei nicht genug, sondern benötige den Heiligen Geist zur Entfaltung der göttlichen Kraft. Auf dieser Basis suchte die frühe Gemeinde ihre Diener aus und achtete auf Kompetenz im Wort und ein volles Maß des Heiligen Geistes:

> **So seht euch nun um, Brüder, nach sieben Männern unter euch, von gutem Zeugnis, voll Geist und Weisheit, die wir über diese Aufgabe setzen wollen!** Apostelgeschichte 6:3

So zu denken war ich nicht gewohnt, und dies warf bei mir Fragen auf. Wie kann man wissen, dass jemand voll des Heiligen Geistes ist? Lässt sich der Heilige Geist erfahren, und kann man dies nachweisen und messen? Lange Zeit empfanden Lutheraner wie ich ein ziemliches Unbehagen, wenn eine christliche Erfahrung persönlich reflektiert wurde. Dies war nicht Teil meiner Ausbildung am Seminar. Im Jahr 2007 studierte unsere Kirchengemeinde einen Bibelkurs mit dem Titel „Gott erleben: den Willen Gottes kennen und tun." Eines Sonntags stand ein älteres und anerkanntes Gemeindemitglied auf und sagte: „Als wir mit dem Kurs begannen, war es, als hätten wir die Dienstvorschrift über Bord geworfen. Weißt du nicht, Pastor, dass die Worte „Erfahrung" und „Gehorsam" für uns Lutheraner anstößig sind?" Er drückte nur aus, was wir alle fühlten. Etwa zur gleichen Zeit dankte ein Kollege unserem Präsidenten öffentlich dafür, dass er mir erlaubt hatte, christliche Erfahrungen während einer lutherischen Pastorenkonferenz anzusprechen. Er hatte seit dreißig Jahren auf diese Art Erörterung gewartet.

Als Student am kirchlichen Seminar hielt ich in meinen Studien inne, um Zeit zum intensiven Nachdenken zu haben. Dabei kam ich an den Punkt, mir über die Gegenwart des Geistes in meinem Leben Gedanken zu machen. Aber ein mir empfohlenes Buch dämpfte die Unruhe meiner Seele. Der Buchtitel lautete: *The Holy Spirit: Shy Member of the Trinity* („Der Heilige Geist: Scheues Mitglied der Dreieinigkeit") Eine Kernaussage besagte, „die Personen, die am meisten mit dem Geist gefüllt sind, sind sich dessen am wenigsten bewusst."[2] Diese Aussage brachte mich wieder zur Ruhe, denn bis dahin hatte ich keine konkrete Erfahrung mit dem Heiligen Geist gemacht, und laut diesem Buch war das auch so in Ordnung. Es ging mir gut. Vielmehr hatte mich mein Erfahrungsmangel doch bereits auf einen höheren Level geistlicher Intensität geführt. So fühlte ich mich frei, wieder in die Bücherei zu gehen und meinen Kopf eher mit Wissen als mit dem Geist zu füllen.

Verwirrt durch die Taufe

Aus einem weiteren Grund war ich meiner Not gegenüber blind. Ich nahm an, ich hätte die Fülle des Geistes schon bei meiner Wassertaufe erhalten. Lutheraner haben eine hohe Wertschätzung der Wassertaufe. Jede Vorstellung über eine weitere Taufe im Geist ist nicht willkommen, denn diese würde vielleicht die Gabe der Errettung untergraben, die doch bei der ersten Taufe empfangen wird (siehe 1. Petrus 3:21).

Aber weder die Bibel noch meine persönliche Erfahrung bestätigten mein traditionelles Denken. Als mich ein Pastor mit Wasser taufte, geschah es laut Jesu Befehl „im Namen des Vaters und des Sohnes und des Heiligen Geistes" (Matthäus 28:19).

2 F. Dale Bruner „The Shy Member of the Trinity – Expository Preaching Gives the Filling of the Holy Spirit" 11-33, in Frederick Dale Bruner und William Hordern, eds.: The Holy Spirit, Shy Member of the Trinity (Minneapolis, MN: Augsburg Publishing House, 1984), 13. (Mein vormaliges Verständnis dieses Buches spiegelt seinen Inhalt und die ausgewogeneren Einsichten nicht angemessen wider.)

Ich hatte keinen Zweifel, mit dieser Taufe war ich im Geist geboren (Johannes 3:5), zu einer neuen Schöpfung geworden (2. Korinther 5:17), zu neuem Leben auferstanden (Römer 6:4) und zu einem Kind Gottes geworden (Galater 3:26+27). So in meiner Taufe gegründet, wuchs ich auf, bekannte meinen Glauben und hatte den Geist in mir; denn „keiner kann sagen Jesus ist Herr, ausgenommen durch den Heiligen Geist" (1. Korinther 12:3). Für meine Errettung brauchte ich nicht mehr vom Geist.

Bei näherer Betrachtung erkannte ich jedoch, dass die Erfahrung der Geistestaufe nichts mit der Errettung zu tun hat. Dies ist eine Verheißung der Vollmacht (siehe Lukas 24:49; Apostelgeschichte 1:4-8). Nachdem Jesus zum Himmel aufgestiegen war, lobten die Jünger Gott und erfreuten sich an ihrer Errettung. Zu dieser Zeit gab es keinen Mangel an Glauben, aber sie warteten auf die Geistestaufe, um für den Dienst mit Kraft ausgestattet zu werden. Erst danach begannen sie zu predigen.

Deshalb sind die Funktion der Wassertaufe und die Gabe des Geistes nicht ein und dasselbe. Das Eintauchen in Wasser gibt uns Errettung, und das Eintauchen in den Geist verleiht uns Kraft. Zwischen den beiden besteht keine Konkurrenz.

In der Bibel scheint es einen dreiteiligen Prozess für jeden neuen Gläubigen zu geben, der schon früh in den Fokus der Aufmerksamkeit gerückt wurde. Denn nach der ersten Predigt der Jünger reagierten die Menschen mit der Frage: *„Was sollen wir tun?"* (Apostelgeschichte 2: 37). Die Jünger antworteten und ermutigten die Menge, drei verschiedene Erfahrungen zu machen, die für jeden verfügbar waren:

> **Tut Buße, und jeder von euch lasse sich taufen auf den Namen Jesu Christi zur Vergebung eurer Sünden, so werdet ihr empfangen die Gabe des Heiligen Geistes.** Apostelgeschichte 2:38

Die Jünger baten die Menschen, 1) Buße zu tun und 2) sich zur Vergebung ihrer Sünden (mit Wasser) taufen zu lassen, damit sie 3) die Gabe des Heiligen Geistes empfingen (hier ist die Erfahrung der Taufe mit dem Geist gemeint). Diese drei Vorgänge waren Teil des Prozesses, zum Gläubigen zu werden. Sie alle bilden das Gesamtpaket, um ein Leben als Christ zu beginnen.

Sobald jemand Buße getan hatte, konnte er oder sie am gleichen Tag getauft werden und den Geist empfangen. Aber es konnten auch Wartezeiten zwischen Buße, Taufe und Empfang des Geistes liegen. Als Reaktion auf eine Begegnung mit Jesus, tat Saulus beispielweise Buße, wurde aber nicht vor Ablauf von drei Tagen getauft (siehe Apostelgeschichte 9:3-19). Genauso brauchte es Zeit für die neuen Christen in Samaria, um den Geist nach ihrer Taufe zu empfangen.

Als die Apostel in Jerusalem gehört hatten, dass Samaria das Wort Gottes angenommen habe, sandten sie Petrus und Johannes zu ihnen. Als diese hinabgekommen waren, beteten sie für sie, damit sie den Heiligen Geist empfangen möchten; denn er war noch auf keinen von ihnen gefallen, sondern sie waren allein getauft auf den Namen des Herrn Jesus. Dann legten sie ihnen die Hände auf, und sie empfingen den Heiligen Geist! Apostelgeschichte 8:14-17

Die Verzögerung zwischen Taufe und Empfang des Geistes im Falle der Samariter war unüblich; deshalb wurde sofort darauf reagiert. Dies bestätigt aber die grundsätzliche Unterscheidung zwischen der Wassertaufe und der Gabe des Geistes in dem Prozess, ein Christ zu werden.

Diese drei Schritte beim Werdegang eines Gläubigen spielten sich nicht bei jedem gleich ab. Neben Zeitverzögerungen konnten Menschen auch eine andere Reihenfolge erleben. Einmal kam der

Heilige Geist auf alle, die der Predigt über Jesus zugehört hatten, bevor jemand im Wasser getauft werden konnte (Apostelgeschichte 10:44-48). Aber die gewöhnliche Abfolge entsprach der grundlegenden Anweisung der Jünger (Apostelgeschichte 2:38). Dem entsprechend wurde gehandelt:

> **Als sie es aber gehört hatten, ließen sie sich auf den Namen des Herrn Jesus taufen; und als Paulus ihnen die Hände aufgelegt hatte, kam der Heilige Geist auf sie, und sie redeten in Sprachen und weissagten.** Apostelgeschichte 19:5+6

Menschen wandten sich Jesus zu, indem sie 1) Buße taten, dann 2) getauft wurden, und schließlich 3) den Geist empfingen. In dieser Hinsicht spiegelt Jesu eigene Taufe im Wasser und im Geist unsere Erfahrungen wider, wenn wir Ihm nachfolgen. Er wurde ebenso zuerst im Wasser getauft und dann mit dem Geist. (Die Taufe von Johannes zur Vergebung der Sünden, die Jesus empfangen hat, ging der späteren Taufe in Jesu Namen voran.) Wie andere Menschen Buße taten und getauft wurden, wurde auch Jesus getauft. Als Er aus dem Wasser heraus stieg und der Heilige Geist auf Ihn herabkam, wurde Er sofort mit dem Heiligem Geist erfüllt.

> **Es geschah aber, als das ganze Volk getauft wurde und Jesus getauft war und betete, dass der Himmel geöffnet wurde und der Heilige Geist in leiblicher Gestalt wie eine Taube auf ihn herabstieg und eine Stimme aus dem Himmel kam: Du bist mein geliebter Sohn, an dir habe ich Wohlgefallen gefunden.** Lukas 3:21+22

Ebenso kommen bis zum heutigen Tag viele Menschen aus dem Taufbecken empor mit der gleichzeitigen Erfahrung der Taufe im Heiligen Geist. Lässt man mögliche Zeitverzögerungen außer Acht, kann man dies durchaus erwarten. Denn zu Beginn eines Christenlebens gehören diese beiden Erfahrungen und die Buße zusammen. Dennoch unterscheiden sie sich voneinander.[3]

3 Beachte ebenso Epheser 1:13.

Die Bibellehre über den dreiteiligen Prozess des Werdegangs eines Gläubigen und den Empfang des Geistes nach der Wassertaufe war für mich, den lutherischen Pastor, eine Herausforderung. Es fiel mir nicht leicht, die Bibel mit neuen Augen zu lesen und meine traditionelle Sichtweise aufzugeben. Als ich es aber tat, stattete mir der Landesbischof einen Besuch ab und forderte eine Erklärung. Zusammen schauten wir uns die Bibelpassagen an, und das Material ließ nur eine Schlussfolgerung zu. Nach der Buße erlebt eine Person zwei weitere Erfahrungen im Wasser und im Geist. Entscheidend ist, die Taufe mit Wasser ist nicht das gleiche, wie in den Geist getauft zu werden. Es gibt keine automatische Garantie, dass der im Wasser Getaufte gleichzeitig im Geist getauft wird. In meinem Fall wusste ich, beides fand nicht zum gleichen Zeitpunkt statt. Ich war Mitte Dreißig, als ich mein Sehnen nach dem Geist erkannte und Ihn dann empfing.

Unbekanntes Gebiet

Ich befand mich in einem schwierigen Lernprozess. Denn die Erkenntnis, dass die Wassertaufe und Gottes Wort allein nicht genug sind, ist die eine Sache. Aber es ist etwas anderes, sich nach dem Geist auszustrecken. Wo sollte ich nach Anleitungen suchen und die Weitergabe des Geistes erhalten? Sollte ich mich den Gemeinden nähern, die wir Lutheraner als „seltsam" betrachten? Zwar war ich zu dieser Zeit noch nicht im Geist getauft. Ich wusste aber sicher, den Geist zur Errettung und zum grundlegenden Glaubensbekenntnis zu besitzen. Denn „niemand kann sagen, Jesus ist Herr, ausgenommen im Heiligen Geist" (1. Korinther 12:3). Sollte ich also trotzdem das Risiko eingehen, mich in unbekanntes Gebiet zu wagen? Was würde es mich kosten, die gewohnten Grenzen einzureißen?

Aber mein Hunger und meine Verzweiflung nach Gott waren größer als jedes Zögern. Eigentlich kam der Geist nicht so sehr als Ergebnis einer aktiven Suche zu mir und in unsere Gemeinde, sondern aufgrund göttlichen Eingreifens. Gott überraschte uns.

Im Jahr 2000 begannen wir mit weniger förmlichen Anbetungsgottesdiensten in der Kapelle des Concordia College in Toowoomba, Australien. Innerhalb eines Jahres kamen genug Menschen, um unsere Versammlung selbständig tragen zu können. Wir liebten unsere neu gefundene Freiheit mit christlichen Sketchen, moderner Musik und Bands, Variationen in der Reihenfolge des Gottesdienstablaufs und einem flexibleren Predigtprogramm. Unsere Vision war eine zeitgemäße Kirche, wie es einige andere lutherische Kirchen in unserer Nation waren. Aber dann kam Gott und gebrauchte unsere Suche nach einer neuen Frische, um Seine eigene Vision einzubringen.

Eigentlich hatte Er uns schon die ganze Zeit aufgewühlt. Seit 1996 hatte die Jugend von Toowoomba einmal im Monat sonntagsabends Gottesdienste durchgeführt und Erstaunliches erzielt. Hunderte junger und älterer Christen drückten sich in die Holzbänke, um ihrem Glauben mit Leidenschaft nach etwas Neuem Ausdruck zu geben. Wir wollten, dass unser Glaube real ist. Schon sehr früh stellten mir unsere Jugendlichen immer wieder Fragen über den Geist und die geistlichen Gaben. Sie lasen die Bibel, trafen sich in einem größeren Freundeskreis und erforschten eifrig alles Mögliche.

Ich bin das Thema nicht absichtlich langsam angegangen, aber so sehr in eine traditionelle, lutherische Form gepresst worden zu sein, war nicht grade hilfreich. Gott musste meinen lutherischen Stolz brechen. Eine frühe Lektion lernte ich auf einer Wochenendfreizeit, die sich „Emmaus Walk" nannte. Drei Tage lang befand ich mich in einer Umgebung, in der die Leitung und die meisten Teilnehmer keine Lutheraner waren. Aber sie schienen etwas über Gott zu wissen, was in meinem Leben noch fehlte. Ich erfuhr Gnade, und die Liebe Gottes wurde für mich realer als jemals zuvor. Dies führte mich in die Demut, wo ich doch mit der traditionellen lutherischen Haltung gekommen war, Distanz zu wahren.

Als ich beim Camp ankam, war ich nicht ganz sicher, ob die Vorträge meinem lutherischen Standard entsprechen würden. Auch hatte ich Bedenken, das Abendmahl mit Menschen einzunehmen, die diesem Mahl wahrscheinlich nicht den gleichen Stellenwert zuerkennen wie die Lutheraner. Aber während der dreitägigen Klausurtagung handelte Gott an mir. Es gab etwas jenseits meiner lutherischen Norm, das ich verpasst hatte. Viele Mitglieder des Emmaus Walk erweckten den Eindruck, mehr über Glauben und Liebe zu wissen als ich. Gott schien ihnen realer zu sein als mir. Das war demütigend, setzte mich aber langsam frei. Im Laufe der nächsten Jahre erfuhren viele Mitglieder unserer Kirche das Gleiche.

Dann entdeckten wir den Alpha-Kurs und bei unserem ersten Durchgang nahmen mehr als fünfzig unserer eigenen Mitglieder teil. Das erstmalige Hören grundlegender Lehren über den Heiligen Geist segnete uns völlig unerwartet. Was wir nur als einen christlichen Grundkurs geplant hatten, wurde zur Quelle unserer Glaubenserneuerung. Unsere Haltung wurde offener, und wir wurden hungriger.

Gott benutzte eine weitere Strategie, um uns noch mehr aufzuwühlen. Als ich nicht mehr für drei lutherische Gemeinden und die vereinte lutherische Jugendarbeit in Toowoomba verantwortlich war, konnte ich mein Versprechen gegenüber Pastor Colin Shaw von der Toowoomba City Church einlösen. So schloss ich mich dem Netzwerk der christlichen Leiter (CLN) unserer Gegend an und konnte mich mit ihnen zum wöchentlichen Gebet treffen. Im Jahre 2002 wurde unsere Predigtstätte am Concordia College schließlich zur Living Grace Community

Lutheran Church. Ich wurde als ihr Pastor berufen und nahm an den Gebetstreffen des Christlichen Leiter Netzwerkes teil, das von Pastor Ian Shelton von der Toowoomba City Church geleitet wurde.

Ich fand Gefallen an dem Netzwerk der christlichen Leiter wie ein Fisch am Wasser. Mein Verstand war angeregt worden, mit anderen über die gemeindlichen Grenzen hinaus zusammenzuarbeiten. Hier aber gab es Führungskräfte, die eine Vision für eine ganze Stadt oder Region hatten. Sie arbeiteten unter der Annahme, dass es nur eine Kirche in Toowoomba gab. In Gott gehören wir zueinander und können in Liebe zusammenarbeiten. Es gibt eine Art der Einheit, die sich nicht durch Strukturen von Denominationen ausdrückt, sondern auf gegenseitiges Vertrauen gründet.

Obwohl auch andere Hauptkirchen bei CLN vertreten waren (beispielweise die Anglikaner, die Uniting Church, die Presbyterianer, die Heilsarmee, die Wesley-Methodisten) war ich der erste lutherische Pfarrer, der die Gebetstreffen besuchte. Schon bald lernte ich die neue Kultur schätzen. Die praktische Bedeutung des Gebetes war mir neu. Wir saßen in einem Kreis, sangen einige Lieder und beteten zusammen. Manchmal legten wir unsere Hände auf einige Personen und beteten für ihre Nöte. Als ich den Gebeten meiner Amtsbrüder zuhörte, stellte ich fest, sie kamen mir so näher als durch irgendein theologisches Gespräch.

Ich erinnere mich noch an die erstaunliche Reaktion auf meinen ersten Beitrag im Jahre 2003. Wir hatten geplant, einige vergangene Streitigkeiten zwischen den Kirchen anzusprechen, und so die Verletzungen bei vielen unserer Gemeindemitglieder zu heilen. Bei einer öffentlichen Versammlung im Empire Theatre wollten wir im Namen unserer Kirchen Buße tun und diejenigen um Vergebung bitten, die zu unserem gemeinsamen

Gottesdienst kamen. Dazu wollte ich ein Schreiben aufsetzen, um diesen Vorschlag theologisch nachvollziehbar zu machen. Das Schriftstück wurde begrüßt, aber niemals durchgesprochen.

Die Anerkennung meiner Arbeit war echt, aber niemand sah die Notwendigkeit, der lutherischen Kultur nachzueifern und miteinander zu streiten, bis alle unterschiedlichen Auffassungen geglättet waren, um dann unsere Pläne umzusetzen. Dies war für mich ebenso neu wie faszinierend. Denn die Pastoren vertrauten einander, dass jeder von Gott gehört hatte. Dort gab es eine Einheit des Geistes, die jeder perfekten Einheit im Verständnis vorangestellt war.

Die CLN-Pastoren hatten Gebet zu ihrer Priorität gemacht und nicht die theologischen Gespräche. Ihre Gebete und Reife lehrten mich mehr als irgendwelche Vorträge. Gott hatte mich an den richtigen Ort gebracht.

An einem Freitagmorgen im Jahre 2002 befanden wir uns wieder betend und singend in einem Kreis. Während die meisten Teilnehmer noch standen und sangen, hatte ich mich gesetzt und betete. Als ich den Namen Jesus sagte, empfand ich plötzlich, dass einige andere Worte aus meinem Mund hervorkommen wollten. Bevor ich begriff, was geschah, hatte ich meinen Mund geöffnet und sprach Worte, die ich nicht verstehen konnte. Ich fragte mich selbst: Was ist das denn? Dann kam ich zu dem Schluss, dies müsse die Gabe der Zungenrede sein. Keine besonderen Gefühle stellten sich mit dieser Gabe ein. Und niemand sonst sprach bei diesem Gebetstreffen in Zungen oder bemerkte, was mit mir geschehen war.

Ich war nicht besonders dankbar für diese Gabe, denn ich wollte niemals Worte sprechen, die ich nicht verstand. Darüber hinaus wusste ich, ich konnte nicht nach Hause gehen und meiner Frau davon berichten. Sie hatte seit zwei Jahren vergeblich um die

Gabe der Zungenrede gebetet, und jetzt hatte ich gegen meinen eigenen Wunsch dieses Geschenk erhalten. So etwas würde ihr bestimmt nicht fair erscheinen. Nach einigen Wochen dachte ich, es sei besser, ihr trotzdem von diesem Erlebnis mitzuteilen. Wie ich erwartet hatte, rang sie mit Gott und hatte ja auch irgendwie Recht. Aber sie freute sich für mich und begann nach einiger Zeit auch, in Zungen zu sprechen.

Was sollte ich mit dieser Gabe tun? Ich wusste es nicht. Die offensichtliche Schlussfolgerung: Es war Gottes Wunsch, dass ich diese Gabe benutze. Aber es dauerte Monate, bevor ich den Wert des Zungengebetes für meine privaten Gebetszeiten erkannte, weil es immer noch unbekanntes Gebiet war. Mir wurde klar, auch dies war für unsere lutherische Behaglichkeit eine Herausforderung. Einerseits stieg mein Interesse. Aber andererseits war vieles außerhalb meines Wissensbereichs. Ich musste mehr über den Heiligen Geist lernen.

Davon abgesehen, spornte Gott auch andere Mitglieder unserer Gemeinde an und wirkte an ihnen. Er rüttelte uns auf und ließ unseren Hunger nach einer tieferen Beziehung zu Ihm wachsen. Dann folgte Seine größte Überraschung. Es war geplant, dass ein lutherischer Pastor aus Äthiopien unsere Denomination in Australien besuchen sollte. Sein Name war Gemechis Desta Buba. Ich hatte weder von ihm gehört, noch wusste ich etwas über die Reise, bekam aber einen Anruf vom Bezirkskirchenamt. Ich wurde gefragt, ob ich ihn am 1. Januar 2003 bei mir einplanen könnte, da er an diesem Sonntag keinen weiteren Termin hatte.

Wir bereiteten uns auf seinen Besuch vor und planten einen Gottesdienst am Sonntagabend mit einigen Anbetungsliedern und seiner Predigt. Etwa 300 Menschen kamen aus unserer Region zusammen, wobei die meisten traditionelle Lutheraner waren. Wir sangen drei Lieder, bevor Pastor Gemechis seine Predigt über das Vaterunser begann. Es war eine solide Auslegung. Als er aber zu der Stelle kam, dass uns Gott unser tägliches Brot gibt, hielt er inne. Er verkündete, er empfände die Aufforderung Gottes, uns zum Gebet nach vorne zu rufen. Dies war bei uns nicht üblich.

Doch zu meiner Überraschung gingen die meisten der Gottesdienstbesucher an diesem Abend nach vorne, um Gebet mit Handauflegung zu erhalten. Noch mehr überraschte mich, als etwa zwei Drittel der empfangenen Gebete dazu führte, dass die Leute unter der Kraft des Heiligen Geistes niederfielen. Was geschah da? Schließlich versuchte ich, unsere Gemeindemitglieder aufzufangen, als sie rückwärts zu Boden fielen und dachte bei mir: „Was ist das? Werde ich Ärger mit meinen Vorgesetzten bekommen?" Aber an diesem Abend widersprach keiner dem, was sich ereignete. Jeder fühlte die Gegenwart Gottes in unserer Kirche. Niemals zuvor hatte ich einen derartigen Gottesdienst erlebt.

Dabei war nichts überdreht. Die Musik war nicht laut, und Pastor Gemechis erhob weder seine Stimme, noch wurde er auf andere Weise emotional. Somit war die Gebetszeit für traditionelle Lutheraner durchaus annehmbar. Und dennoch gab es eine neue Ebene der Kraft. Manche erlebten, wie der Geist mit dem Frieden Gottes durch ihre Körper strömte. Andere wunderten sich nur, was sie zu Boden gezogen hatte. Als Pastor Gemechis für mich betete, stellte ich sicher, dass meine Füße fest auf dem Boden standen. Ich hatte Gott die Erlaubnis gegeben, mich rückwärts fallen zu lassen, aber ich wollte nicht umgeschubst werden. Beim Gebet blieb ich aufrecht stehen, wurde aber trotzdem angerührt und im Herzen geheilt. Alle Verletzungen und Ablehnungen in Zusammenhang mit der Errichtung einer neuen Gemeinde waren wie weggewaschen. Es war ein unfassbares Geschenk und kam ganz unerwartet.

Wir erlebten einen unvergesslichen Abend. Gott überraschte unsere Gemeinde mit einer Erfahrung, für die wir dann Jahre brauchten, um sie in all ihren Dimensionen zu verstehen. Doch sie brachte uns auf den Weg. Die nächsten fünf Jahre untersuchten wir eingehend, was geschehen war, und wie der Geist unter uns arbeiten wollte. Dies war eine gemächliche Reise, denn direkt nach diesem Gottesdienst mit Pastor Gemechis sagten zwei unserer Hauptleiter: „So etwas müssen wir aber nicht jeden Sonntag erleben." An diesem Abend stimmte ich dem zu, fragte mich aber später: „Warum wollen wir nicht mehr davon?"

Die größere Bedeutung dieses Gottesdienstes entfaltete sich nur langsam, da Gottes Plan umfassender war, als uns allein über den Geist zu lehren. Wir mussten auch viel über Gebet, Vergebung, innere Heilung, Jüngerschaft, Gemeindeeinheit und Gehorsam lernen. Der Abend mit Pastor Gemechis war nur ein Same unter vielen, der unter uns wachsen musste. Dennoch war es eine wichtige Aussaat.

Ich stellte fest, die Freiheit an dem Abend mit Pastor Gemechis war nicht leicht im normalen Gemeindeleben wiederzufinden. Jahrelang hatten wir Schwierigkeiten beim Gebetsdienst, denn unseren Mitgliedern widerstrebte es, die Sicherheit der Kirchenbänke zu verlassen und nach vorne zu kommen. Dies entsprach nicht unserer traditionellen Ausrichtung. Wir waren es auch nicht gewohnt, in der Anbetung emotional oder ausdrucksstark zu sein. Ich brauchte Jahre, bis ich mich dabei wohl fühlte, meine Hände in der Anbetung zu erheben und mich mit größerer Leidenschaft zu Gott auszustrecken. Obwohl ich wusste, dass diese Anbetungsart biblisch war und selbst Jesus Seine Hände in der Anbetung gehoben hatte, fühlte ich mich durch meine kirchliche Erziehung gebunden.

Das Phänomen unter der Kraft des Geistes niederzufallen, verursachte noch Spannungen, selbst lange nachdem uns Pastor Gemechis verlassen hatte. Jahrelang gab es zunächst keine Wiederholung dieser Manifestation. Dann leitete ich 2005 eine nationale lutherische Gebetskonferenz in Adelaide und hatte geplant, die drei Konferenztage mit einem Abendmahl abzuschließen.

Während wir uns für das Abendmahl vorbereiteten, war ich vollkommen erschöpft. Es war anstrengend, empfindlich für die Führung des Geistes zu bleiben, und Ihm die Planung der Gebetspunkte für eine Gruppe zu überlassen. Meine letzte Aufgabe bestand darin, für Menschen unter Handauflegung zu beten, wenn sie kamen, um das Abendmahl zu empfangen. All meine Energie war derart erschöpft, dass ich mich krank fühlte und das Ende des Gottesdienstes kaum erwarten konnte.

Ein schwergewichtiger Mann kam nach vorne und stand vor mir. Ich betete und hielt meine Augen geschlossen. Dann hörte ich einen gewaltigen Aufprall und musste erkennen, dass dieser Mann auf den harten Holzfußboden aufgeschlagen war. Ich war schockiert. Mein Gesicht drückte bloßes Entsetzen aus, was später für große Heiterkeit sorgte. Ich dachte, dieser Mann sei bei seinem Weg zum Abendmahl an einem Herzanfall gestorben. Aber als ich mich neben ihm niederkniete und ihn bei Bewusstsein sah, fragte ich: „Geht es dir gut?" Er schaute mich mit verständnislosen Augen an. Denn er hatte bekommen, was er wollte. Der Geist Gottes sorgte dafür, dass er sich wunderbar fühlte.

Dies war unerwartet und wiederum neu. Eine weitere Frau wankte beim Gebet, konnte sich aber fangen und blieb aufrecht stehen. Die plötzliche Bewegung bereitete ihr Schmerzen im Knie, und sie sagte: „Das war nicht angenehm." Ich entschuldigte mich bei ihr, aber was hätte ich tun können? Eine nächste Frau stand vor mir und bat um Gebet. Sie erklärte, sie sei vor Gott geflohen und wollte dies nicht länger tun. Ich betete, sie fiel ebenso zu Boden und lag dort mit verzerrtem Gesicht. Was geschah mit ihr? Ich kniete mich neben sie und fragte, ob alles in Ordnung sei. Sie sagte: „Es geht mir gut." Aber es sah nicht danach aus und ohne nachzudenken, legte ich wieder die Hände auf sie und sagte: „Was immer dich zum Fortlaufen bringt, gehe jetzt fort." Augenblicklich drehte sich ihr Gesicht vollkommen entspannt zur Seite, und sie schien wie ein Baby zu schlafen. Was war das? Hatte ich gerade einen Dämon ausgetrieben? Dies war ein recht bemerkenswerter Abschluss für unsere Gebetskonferenz. Ich lernte etwas über die Kraft, die anhaltendem Gebet entspringt, und wie Gott nicht von meinen Gefühlen abhängt. Meine Erschöpfung hatte ihn nicht aufgehalten.

Es dauerte wiederum fast zwei Jahre, bevor eine weitere Person in unserer Gemeinde unter der Kraft des Geistes fiel. Für mich erschien dies wie eine lange Zeit, während diese Manifestation für andere umstritten blieb. Fünf Jahre nach dem Besuch von Pastor Gemechis stimmte unsere Gemeinde der Lehre über den Heiligen Geist zu. Wir nahmen zwar die Zeugnisse von anderen Menschen und Orten an. Die sichtbareren Darstellungen der Kraft in unseren eigenen Gottesdiensten am Sonntagmorgen waren aber eine ganz andere Sache. Als immer mehr Menschen die Gabe der Zungenrede erhielten, wuchs bei anderen unserer Mitglieder das Unbehagen. Schließlich trennten sich unsere Wege, und einige Mitglieder verließen uns im Einvernehmen.

Als ich mir den Besuch von Pastor Gemechis nochmal vor Augen führte, wurde mir klar, dass ich 1. Korinther 2:1-5 nicht richtig gelesen hatte. Diese Passage ist eine Lieblingsbibelstelle der Lutheraner.

> **... Denn ich nahm mir vor, nichts anderes unter euch zu wissen als nur Jesus Christus, und ihn als gekreuzigt. Und ich war bei euch in Schwachheit und mit Furcht und in vielem Zittern; und meine Rede und meine Predigt bestanden nicht in überredenden Worten der Weisheit, sondern in Erweisung des Geistes und der Kraft, damit euer Glaube nicht auf Menschenweisheit, sondern auf Gottes Kraft beruhe.**
>
> 1. Korinther 2:1-5

Ich war fassungslos. Wie konnte ich diese bekannte Bibelstelle so falsch verstanden haben? Wir Lutheraner stimmen mit der Hauptaussage der Anfangspassage überein. Die zentrale Botschaft des christlichen Glaubens ist „Jesus Christus, und ihn als gekreuzigt." Auch erkennen wir richtigerweise, wie das Kreuz Jesu die Kraft Gottes verbirgt. Ganz allgemein arbeitet Gott wohl mit dem Prinzip, in scheinbarer Schwachheit mächtig zu sein (siehe 1. Korinther 1:25-31). So geschah es, als Jesus am Kreuz starb und dennoch die Welt rettete. Es scheint auch bei unserer Predigt zu wirken, wenn wir „törichte" Worte über einen gekreuzigten Erretter (1. Korinther 1:18) sprechen, damit aber ewiges Leben anbieten. In unserer Schwachheit liegt eine Ermutigung, denn dies scheint Gottes Wirkungsart bei der Errettung zu sein.

Dies war mein Verständnis als Lutheraner, aber es war unvollständig in Bezug auf 1. Korinther 2:1-5. Die Predigt mag „in Schwäche" erfolgen, und nicht aus „weisen und überzeugenden Worten" bestehen. Aber Gott beabsichtigt, die Botschaft von Jesus und Ihn als gekreuzigt „in Erweisung des Geistes und der Kraft" zu untermauern. Der Glaube kommt nicht nur durch die Predigt allein, sondern ruht auf einer Erweisung der „Kraft Gottes". Genau dies geschah an dem Abend, als uns Pastor Gemechis in Toowoomba diente.

Weitere Nachforschungen ergaben, dass der Apostel Paulus seinen gesamten Dienst mit der Erklärung umriss, Predigen und Erweisungen des Geistes und der Kraft gehören zusammen.

Denn ich werde nicht wagen, etwas zu reden, das nicht Christus durch mich gewirkt hat, um die Heiden zum Gehorsam zu bringen durch Wort und Werk, in der Kraft von Zeichen und Wundern und in der Kraft des Geistes Gottes. So habe ich von Jerusalem aus ringsumher bis nach Illyrien das Evangelium Christi voll ausgerichtet.

Römer 15:18+19

Im Laufe der Jahre wurde ich immer begieriger, meine eigene Gemeinde- und Missionsarbeit auf diese Art zu tun. Mein voriges Verständnis hatte darin bestanden, eine überzeugende Predigt erweise sich auf suchende Personen als anziehend und führe zur Bekehrung. Aber wie könnte ich die Jungfrauengeburt und die göttliche Natur Jesu dem heutigen Verstand jemals plausibel machen? Jesus und die Jünger hatten ihre Predigten immer mit Heilungen, Dämonenaustreibungen, Zeichen und Wundern bestätigt. Genau dies wollte ich in unserer Kirche haben.

Jahr für Jahr und in jedem Bericht formulierte ich dieses Ziel für unsere Kirche. Als 2009 der letzte Sonntag des Jahres nahte, benötigten wir alle Ruhe. Die vergangenen zwölf Monate waren voll neuer Entwicklungen gewesen. Unter anderem hatten wir unser erstes Gemeindezentrum gekauft. Wir brauchten einen erbaulichen Gottesdienst. Deshalb wollte ich über die Herrlichkeit Gottes predigen. Ich freute mich, näher auf die Herrlichkeit Gottes einzugehen, wie sie sich in der Nacht von Jesu Geburt bei den Hirten gezeigt hatte.

Mitten in der Predigt verkündete ich, die Herrlichkeit Gottes sei in unsere *Living Grace Gemeinde* gekommen und gab dafür einige Hinweise. Drei Monate zuvor predigte ich an sechs aufeinander folgenden Abenden in einer Kirche in Toowoomba über Heilung. Am Ende eines dieser Gottesdienste stellten wir fest, dass zwei unserer älteren Mitglieder Goldplättchen auf ihren Gesichtern hatten. Was war das denn? Das hatte es nie zuvor bei uns gegeben. Diese Manifestation kam aufgrund der herrlichen Gegenwart Gottes hervor. Derartige Wunder waren mir erst zwei Jahre zuvor bekannt geworden.

Ich predigte weiter. Sechs Wochen zuvor hatten wir bei einem unserer regelmäßigen Gebetstreffen an einem Freitagabend eine Art Dunst unter der Decke gesehen. Es kam mir vor, als liefe eine kleine Nebelmaschine in unserer Kirche, oder er müsse von draußen gekommen sein. Jeder konnte den Nebel sehen, aber man versicherte mir, er sei nicht durch die Fenster hereingedrungen. Wir sahen die Wolke der Herrlichkeit Gottes, die ungefähr eineinhalb Stunden blieb. Zuvor kannten wir nur die biblischen Berichte solcher Phänomene und Zeugnisse aus der Kirchengeschichte. Nun aber ereignete sich dies in unserer eigenen Kirche.

Zwei Wochen vor der Predigt hatte ich für eine Frau gebetet, die danach auf dem Boden lag, weinte und vor Gott Buße tat. Plötzlich konnte ich sehen, wie etwas auf ihr glitzerte. Die schwarze Haut auf ihrem Handrücken war mit feinem Goldglitter bedeckt. Ich drehte ihre Hand um, aber in ihrer Handfläche war nichts. Zwei Minuten später sah ich abermals nach, und jetzt waren ihre Handflächen ebenso mit feinem Goldglitter übersät. Ich klopfte ihr auf die Schulter und sagte: „Hör auf zu weinen und schau, was Gott für dich tut. Er liebt dich. Er lässt dich wunderschön aussehen. Du bist Seine Prinzessin."

Ich predigte weiter über die Herrlichkeit Gottes in der Living Grace Kirche am letzten Sonntag im Jahre 2009. Am Ende des Gottesdienstes bat ich die ganze Versammlung nachzusehen, ob auch ihre Hände Goldstaub aufwiesen. Das war nicht geplant, aber jeder der seine Hände an diesem Morgen überprüfte, hatte dieses Wunder erhalten. Ich freute mich in Gott – und seitdem manifestiert sich Goldstaub in der Living Grace Kirche. Seit zweiundeinhalb Jahren empfangen Mitglieder und Besucher den herrlichen Glanz in unserer Kirche.

Wenn Menschen von diesem Wunder Zeugnis geben, kann es sich an ihnen zeigen oder auf den Zuhörern des Zeugnisses. Das geschieht auch unter der Woche. Menschen kommen durch das Wunder zum Glauben, weil es den rationalen Verstand aus der Fassung bringt und die Lehre Jesu bestätigt. Oftmals habe ich für andere Versammlungen gebetet, damit auch sie das Wunder erhalten mögen, und es manifestierte sich unter den Menschen. Dies war wunderbar für uns. Die Herrlichkeit Gottes ist in unsere Mitte gekommen. An unserer jüngsten Tochter Francisca kann man nahezu allezeit den Goldstaub sehen.

Aber ich musste auch feststellen, dies ist, wie auch andere Werke des Geistes, nicht bei allen Christen willkommen. Wochen- und monatelang diskutierten unsere Mitglieder das Wunder. Die Verwirrung gipfelte darin, dass einige dachten, der Teufel würde die Goldglitzer erscheinen lassen. Die Versuchung war dann, das Wunder klein zu reden und diese Erscheinung zu ignorieren. Dies wäre aber undankbar gewesen und hätte unserem ausdrücklichen Wunsch entgegengestanden, die Predigt mit einer „Erweisung der Kraft des Geistes" bestätigt zu sehen.

Als ich unsere Erfahrungen anderen Pastoren in unserer Gegend mitteilte, traf ich auf Desinteresse und Mangel an Enthusiasmus. Keiner war feindselig, aber mit wenigen Ausnahmen freute sich kaum jemand darüber. Dies führte zu einem weiteren neuen Erlebnis.

Vier Wochen später vergoss ich ein paar Tränen in der Kirche. Unsere Ablehnung Gottes und Seiner Güte machten mich traurig. Als ich predigte, empfand ich, als würde Gott Seine eigenen Gefühle mit mir teilen. Er schien betrübt darüber, wie zurückhaltend wir Seine herrliche Gegenwart annahmen. Wir konnten diese Zeit aber bald hinter uns lassen und jetzt teilen die ganze Gemeinde und viele andere Pastoren und Kirchen die Freude über Gottes greifbare Liebesbeweise. Die Entschlossenheit, sich über Wunder zu freuen, zerbrach die Barrieren der Angst. Wer weiß, was weitere Wunder Gottes noch für uns bereithalten? Wir erlebten auch Manifestationen von Öl, das auf den Händen von Menschen erscheint. In Folge dessen feiern wir die Bekehrung neuer Christen, Heilungen, Befreiungen von Dämonen, Liebe und übernatürliche Freude.

Dies mag einen ersten Eindruck von unserer Reise geben. Das von mir Mitgeteilte lässt leicht erkennen, dass es nicht immer leicht ist, den Geist Gottes willkommen zu heißen. Ich wurde nicht nur mit dem neuen Verständnis konfrontiert, dass das Wort allein, ohne den Geist, nicht genug ist und dass meine Wassertaufe nicht das Gleiche ist, wie den Geist zu empfangen. Ich war den Risiken ausgesetzt, unbekanntes Gebiet zu betreten, wo der Geist Neues wirkt, was ich nicht kontrollieren kann. Alles kostet seinen Preis.

2
Die Bibel beschreibt die Geistestaufe

Es überrascht, dass die Bibel keine genaue Definition von der Taufe in den Heiligen Geist gibt. Aber schon von Anfang an wurde das Wirken Jesu damit in Zusammenhang gebracht, Menschen zu taufen. Dies war das Neue, welches das Kommen Jesu begleitete, und schien zumindest für Johannes den Täufer von größter Bedeutung zu sein:

> **Anfang des Evangeliums Jesu Christi, des Sohnes Gottes ... Johannes trat auf und taufte in der Wüste und predigte die Taufe der Buße zur Vergebung der Sünden. ... Und er predigte und sagte: Nach mir kommt der, der stärker ist als ich; ich bin nicht würdig, ihm gebückt den Riemen seiner Sandalen zu lösen. Ich habe euch mit Wasser getauft, er aber wird euch mit Heiligem Geist taufen.**
>
> aus Markus 1:1-8

Johannes der Täufer ging Jesus voran. Er bot Vergebung an, aber nicht die Kraft des Geistes. Deshalb war er geringer als Jesus. Er war nicht einmal würdig, um Jesu Sandalen zu lösen, denn Jesus taufte die Menschen nicht nur mit Wasser, sondern mit dem Heiligen Geist. So gibt es zusätzlich zur Vergebung durch das Wasser noch Kraft für ein heiliges Leben. Und das Reich Gottes ist dadurch nahe herbeigekommen.

Jesus bestätigte den Wert der Geistestaufe mit radikalen Worten:

> **Doch ich sage euch die Wahrheit: Es ist euch nützlich, dass ich weggehe, denn wenn ich nicht weggehe, wird der Beistand nicht zu euch kommen; wenn ich aber hingehe, werde ich ihn zu euch senden.**
>
> Johannes 16:7

Konnte es etwas Aussichtsreicheres für die Jünger geben, als Jesu Leitung und Versorgung? Jesus predigte mit Vollmacht, heilte die Kranken, erweckte Tote, trieb Dämonen aus und vermehrte gelegentlich Nahrung. Gab es für die Jünger noch Verheißungsvolleres als Jesu Begleitung? Jesus deutete auf den Geist. Wenn Er sie verließe, würde der Heilige Geist gesandt werden und zu ihnen kommen. Das sollte ihnen zum Besten dienen, denn der Geist war so wertvoll.

Aber wie können Menschen Ihn empfangen? Wie würde der Heilige Geist auf die Menschen kommen? Die oben genannten Worte von Johannes dem Täufer liefern uns einen wichtigen Anhaltspunkt. Er sagte: *„Ich taufe euch mit Wasser, aber Er wird euch mit dem Heiligen Geist taufen."* Der Empfang des Geistes ähnelt somit der Wassertaufe. Hierbei wurde der ganze Körper einer Person im Wasser eingetaucht und gewaschen. Jesus nimmt die gleiche Art der Taufe vor, nur dass die ganze Person im Geist eingetaucht und gewaschen wird. So wie Johannes eine Person im Wasser untertauchte und sie tropfnass wurde, verfährt Jesus mit einer Person im Geist.

Daher dürfen die Menschen eine stärkere Erfahrung mit dem Geist erwarten. Weder hat Johannes genau definiert noch erklärt, was Jesus im Einzelnen tun würde. Aber die Vorstellung von der Taufe mit dem Eintauchen in den Geist vermittelt eine überwältigende Erfahrung. Jesus setzt nicht nur Tropfen des Geistes frei, sondern taucht uns in Seinen Überfluss ein, und dies ist es, was diese Erfahrung ausmacht. Es bedeutet aber nicht, dass jeder dramatische Manifestationen erwarten muss. Und doch empfangen alle viel und werden nachhaltig erfüllt. – Die biblische Beschreibung der Taufe im Geist lautet wie folgt:

Und plötzlich geschah aus dem Himmel ein Brausen, als führe ein gewaltiger Wind daher, und erfüllte das ganze Haus, wo sie saßen. Und es erschienen ihnen zerteilte Zungen wie von Feuer, und sie setzten sich auf jeden Einzelnen von ihnen. Und sie wurden alle mit

> **Heiligem Geist erfüllt und fingen an in anderen Sprachen zu reden, wie der Geist ihnen gab auszusprechen. ... Als aber dieses Geräusch entstand, kam die Menge zusammen und wurde bestürzt, weil jeder Einzelne sie in seiner eigenen Mundart reden hörte. ... Sie entsetzten sich aber alle und waren in Verlegenheit und sagten einer zum anderen: Was mag dies wohl sein? Andere aber sagten spottend: Sie sind voll süßen Weines.** Apostelgeschichte 2:2-13

Petrus erklärte:

> **Nachdem er [Jesus] nun durch die Rechte Gottes erhöht worden ist und die Verheißung des Heiligen Geistes vom Vater empfangen hat, hat er dieses ausgegossen, was ihr seht und hört.**
> Apostelgeschichte 2:33

> **... fiel der Heilige Geist auf alle, die das Wort hörten. Und die Gläubigen aus der Beschneidung, so viele ihrer mit Petrus gekommen waren, gerieten außer sich, dass auch auf die Nationen die Gabe des Heiligen Geistes ausgegossen worden war; denn sie hörten sie in Sprachen reden und Gott erheben.** Apostelgeschichte 10:44-46

> **... und als Paulus ihnen die Hände aufgelegt hatte, kam der Heilige Geist auf sie, und sie redeten in Sprachen und weissagten.**
> Apostelgeschichte 19:6

In jedem Fall wussten die im Heiligen Geist getauften Menschen um das Geschehen, und die Zuschauenden erkannten es ebenfalls. Gelegentlich war eine große Menschenmenge versammelt. Alle konnten die Phänomene „sehen und hören", die durch den Geist verursacht wurden. Aber die Erfahrung war nicht immer gleich. Nur einmal wird von einem Brausen wie ein gewaltiger Wind berichtet und von dem, was wie auf die Jünger kommende Feuerzungen aussah. Gewöhnlicher war die plötzliche Freisetzung von Geistesgaben wie Zungenrede oder Prophetie. Auch erlebten Menschen große Freude und lobten Gott.

Heute kann man Entsprechendes beobachten, denn Jesus tauft weiterhin Menschen im Geist. Nicht jeder erfährt dabei das Gleiche. Manche empfinden eine seltsame Wärme in ihren Herzen. Andere reagieren mit starken körperlichen Ausdrucksweisen. Sie beginnen zu zittern oder fallen wie vom Blitz getroffen nieder. Es spielt keine Rolle, welche Manifestationen der Geist verursacht. Die Erfahrung mag variieren, aber der gleiche Geist kommt in Seiner Fülle zu jedem.

Als der Geist das erste Mal auf die Jünger kam wurden sie von vielen Menschen der Trunkenheit beschuldigt. Es wurde behauptet: „Sie haben zu viel Wein getrunken." Was gab den Anlass zu dieser Beschuldigung? Die Jünger standen vielleicht wackelig auf ihren Beinen oder sprachen unverständlich. Interessanterweise hat der Geist auch heute den gleichen Effekt auf Menschen. Einige erscheinen unter dem Einfluss des Geistes wie betrunken. Ich selbst hatte es nicht erlebt, konnte dieses Phänomen aber bei anderen beobachten. Es sah wie eine freudvolle Erfahrung aus.

Im Jahr 2010 bat mich Gott, auf Alkohol zu verzichten. Das wollte ich gar nicht gerne hören. Lutheraner genießen ihr Glas Rotwein, und beide meiner Großeltern hatten Weingärten besessen. Ich folgte der Führung Gottes, verzichtete aber nur eine Zeitlang auf Alkohol, denn ich hatte Gott nicht sagen hören: „Trinke niemals wieder Alkohol."

Aber Gott sprach mich erneut auf den Alkoholverzicht an. Ich fragte Ihn: „Warum? Ich habe doch kein Alkoholproblem und freue mich, auf diese Weise entspannen zu können." Er antwortete: „Ich möchte deine beständige Achtsamkeit." Der geistliche Kampf lässt nicht nach. Doch ich musste mit dieser neuen Anweisung ringen; denn Jesus hatte sogar Wasser in Wein verwandelt. So stellte ich Gott folgende Frage: „Was werde ich dafür bekommen?" Das war kühn, aber ich empfand, Er wollte einen Handel mit mir eingehen, und ich durfte um etwas bitten.

Sofort kam mir Epheser 5:18 in den Sinn, wo die Ermahnung lautet, nicht von Wein betrunken, sondern voll des Heiligen Geistes zu sein. Ich sagte zu Gott: „Wenn du mir den Alkohol entziehst, dann mach mich betrunken im Geist." Ich schrieb den Satz auf: „Du wirst im **Geist betrunken** sein" und heftete ihn neben meinen Computerbildschirm. Das war Gottes Verheißung an mich. Er würde treu sein – und war es. Er hielt Sein Versprechen mit einer Prise Humor. Mein erstes geistliches Trunkensein ereignete sich, als ich predigte (September 2010). Während ich mich auf die Worte konzentrierte, freute sich Gott daran, dass ich mich kaum auf den Beinen halten konnte und meine Worte langsamer wurden. Schließlich brauchte ich einen Stuhl und eine kurze Pause, bevor ich fortfahren konnte.

Diese Art der Manifestation passiert nicht jedem, aber alle erfahren den Geist und werden auf bestimmte Weise darin getauft. Am Wichtigsten ist: Wenn der Geist kommt, bringt Er Frucht in das Leben einer Person. Die Bibel kennzeichnet einige Anteile der Frucht mit Liebe, Freude und Frieden (siehe Galater 5:22+23). Diese Art der Frucht hat auch immer Auswirkung auf unsere Emotionen.

Person oder Substanz

Als Johannes verkündete, er würde mit Wasser taufen, aber Jesus mit dem Geist, zog er eine Parallele zwischen Wasser und Geist. Genau wie Menschen in die Substanz Wasser eingetaucht werden können, können sie in den Geist getaucht werden. Scheinbar gibt es etwas im Geist, das die Eigenschaft von überfließendem Wasser hat, denn Jesus erwähnte dies öfter. Er sagte beispielsweise:

Wer an mich glaubt, wie die Schrift gesagt hat, aus seinem Leibe werden Ströme lebendigen Wassers fließen. Dies aber sagte er von dem Geist, den die empfangen sollten, die an ihn glaubten;

denn noch war der Geist nicht da, weil Jesus noch nicht verherrlicht worden war. Johannes 7:38+39

... wer aber von dem Wasser trinken wird, das ich ihm geben werde, den wird nicht dürsten in Ewigkeit; sondern das Wasser, das ich ihm geben werde, wird in ihm eine Quelle Wassers werden, das ins ewige Leben quillt. Johannes 4:14

Aufgrund dieser Verse könnte der Geist Gottes wie Wasser erfahren werden. An anderen Stellen weist die Bibel darauf hin, der Geist ähnelt Feuer (siehe Matthäus 3:11; Apostelgeschichte 2:3) oder erzielt den gleichen Effekt wie Wind oder Atem (siehe Apostelgeschichte 2:2; Johannes 3:8; Hesekiel 37:9+10), wie Öl (siehe Lukas 4:18; Apostelgeschichte 10:38; 1. Johannes 2:20+27; Psalm 23:5) oder Kleidung (siehe Lukas 4:18; Richter 6:34; 2. Könige 2:13+14). Der biblische Ausdruck für den Geist lässt somit erkennen, oftmals wird der Geist wie eine Substanz oder ein Naturphänomen erfahren.

Deshalb wird der Empfang des Geistes häufig mit dem Erhalt einer Substanz verglichen. Die Bibel spricht über den Geist, als wäre Er auf Menschen ausgegossen worden oder auf sie gestrichen worden. Manche sagen, sie seien mit dem Geist gefüllt worden. So scheint sich der Geist wie Flüssigkeiten zu verhalten, die in einem größeren Maß freigesetzt werden.

Und es wird geschehen in den letzten Tagen, spricht Gott, dass ich von meinem Geist ausgießen werde auf alles Fleisch ...

... werde ich in jenen Tagen von meinem Geist ausgießen, und sie werden weissagen. Apostelgeschichte 2:17+18; siehe auch 2:33; 10:45

Und sie wurden alle mit Heiligem Geist erfüllt ....
Apostelgeschichte 2:4; siehe auch 4:8+31; 6:3+5; 7:55; 9:17; 11:24; 13:9+52

Aber diese Art Sprache kann zu einem Missverständnis führen. Der Heilige Geist mag einige der gleichen Eigenschaften wie Wasser, Feuer und Öl haben. Aber Er ist eine Person, keine Substanz. Bei all diesen bildlichen Darstellungen müssen wir verstehen, die Geistestaufe ermöglicht uns einen unbegrenzten Zutritt zur Person des Heiligen Geistes. Diese vollkommene Nähe mag sich wie ein Eintauchen in eine Substanz anfühlen, aber es ist Seine heilige Gegenwart. Wir sind Sein Tempel, in dem Er beständig wohnt (siehe 1. Korinther 6:19).

Der Heilige Geist ist eine Person. Das Geheimnis unseres einen Gottes umfasst Ihn als die dritte Person, nach dem Vater und dem Sohn. Deshalb soll jeder Gläubige „im Namen des Vaters, und des Sohnes *und des Heiligen Geistes* getauft werden (Matthäus 28:19). Jesus nannte Ihn auch den Beistand und den Geist der Wahrheit.

... der Beistand ... werde ich ihn zu euch senden. Und wenn er gekommen ist, wird er die Welt überführen von Sünde und von Gerechtigkeit und von Gericht. ... Wenn aber jener, der Geist der Wahrheit, gekommen ist, wird er euch in die ganze Wahrheit leiten. ... Er wird mich verherrlichen ... Johannes 16:7-14

Inmitten unserer mit Ihm gemachten Erfahrungen beziehen wir uns auf den Geist als eine Person und nicht auf eine Substanz. Der Geist hat einen Sinn (siehe Römer 8:27; 1. Korinther 2:10-13), einen Willen (siehe 1. Korinther 2:11) und Gefühle (siehe Römer 8:26+27, 15:30; Kolosser 1:8). Ihn anzulügen, bedeutet, Gott anzulügen (siehe Apostelgeschichte 5:3+4). Der Geist möchte, dass wir Gemeinschaft mit Ihm haben (siehe 2. Korinther 13:13) und auf Ihn sensibel reagieren, wenn Er uns in die Anbetung des Vaters durch den Sohn zieht. Zusammen mit Ihm erwarten wir die Rückkehr Jesu und sagen zum Sohn Gottes: „Komm!" (Offenbarung 22:17).

Bei meinem Umgang mit Ihm entdecke ich immer noch, wie der Umgang mit Ihm beabsichtigt ist. Statt eines festgelegten Gebetsplanes verwende ich gerne Zeit mit der Frage, ob ich meine Aufmerksamkeit auf den Vater, den Sohn oder den Heiligen Geist lenken soll. Es ist nicht immer gleich. Manchmal nähere ich mich „unserem Vater" (Matthäus 6:9), wenn mich der Geist darauf hinweist, dass ich ein Sohn Gottes bin (siehe Römer 8:15). Dann rufe ich durch Ihn aus: „Abba, Vater" (siehe Galater 4:6). Andere Male ist mir Jesus das Liebste, und ich beginne meine Gebete mit: „Herr Jesus" (Apostelgeschichte 7:59). Ich weiß, dies geschieht wiederum durch den Geist, der Ihn immer verherrlicht (siehe Johannes 16:14).

Häufig empfinde ich während dieser Gebetszeiten die überwältigende Gegenwart des Geistes, begreife Ihn aber immer noch sehr langsam als Person. In der Bibel scheint es keine Beispiele zu geben, wo Menschen zum Heiligen Geist beten (siehe Johannes 15:26), aber ich möchte Ihn anbeten und respektieren. Wenn mein Körper Sein Tempel ist, möchte ich Sein Freund sein. Er ist weder eine Substanz noch eine Ware – Er ist eine Person.

Drei hauptsächliche Nutzen

Lange Zeit konnte ich die Rolle des Geistes in meinem Leben nicht klar erkennen. Jeder schien sich auf einen anderen Aspekt Seines Wirkens zu fokussieren, konnte das größere Bild aber nicht genau erklären. Weil der Heilige Geist wirklich alles in der Gemeinde und bei jedem einzelnen Gläubigen durchdrang, wurde die Neuordnung meiner Gedanken noch erschwert. Ohne Ihn geschieht nichts im Leben eines Christen, denn „wir leben durch den Geist" (Galater 5:25). Was auch immer wir über Gott wissen, offenbart Er uns. Und alles, was wir erreicht haben, hat Er durch Seine Kraft gewirkt.

Aber im Laufe der Zeit erkannte ich drei elementare Nutzen aus der Geistestaufe. Jesus versprach, dass wir „Kraft empfangen, wenn der Heilige Geist auf uns kommt" (Apostelgeschichte 1:8). Und diese Kraft bringt drei grundsätzliche Wirkungen: 1) Der Geist versichert uns der Errettung; 2) der Geist gewährt uns den Sieg über die Sünde und befähigt uns zur Heiligkeit; 3) der Geist erweitert das Reich Gottes und macht uns in unserem Dienst für Gott erfolgreich.

Man kann die drei Hauptauswirkungen unseres Eintauchens in den Geist wie folgt benennen: 1) Gewissheit, 2) Heiligkeit und 3) Dienst.

Es ist weiterhin hilfreich, die Geistestaufe als die zentrale Erfahrung im Leben eines Christen zu erkennen, und von dieser Warte aus sowohl in die Vergangenheit, als auch in die Zukunft zu sehen. Wir schauen zurück auf unsere Bekehrung und empfangen die Sicherheit unserer Errettung. Durch den Geist werden alle Zweifel daran entfernt. Dann schauen wir vorwärts auf unser sich entwickelndes Leben als Christen und bekommen durch den Geist Kraft für die voranschreitende persönliche Heiligkeit und für das Erreichen anderer in der Missionsarbeit. Diese drei hauptsächlichen Nutzen sind für jeden Gläubigen entscheidend. Deshalb werde ich einige Zeit für nähere Erklärungen verwenden.

Vor ein paar Jahren schockierte mich einer meiner lutherischen Kollegen, ein Pastor im Ruhestand. Er teilte mir mit, wie ein im Sterben liegender Christ von Zweifeln und Ungewissheit gequält wurde. Dann sagte er: „Aufgrund meiner langen Erfahrung als Pastor muss ich sagen, dass dies oft geschieht, wenn unsere lutherischen Gemeindemitglieder dem Tode nahe sind. Der Kampf um das Gewissen einer Person setzt sich bis zum letzten Atemzug fort."

Diese Wahrheit wollte ich nicht hinnehmen. Sollte dies wirklich die normale Erfahrung eines sterbenden Christen sein? Sollen wir alle in Angst und Ungewissheit sterben? Ich weiß, wir alle können versucht werden, und ich akzeptiere, auch das Sterbebett kann ein heftiges Schlachtfeld sein. Aber es gibt biblische Berichte, in denen sterbende Christen „die Herrlichkeit Gottes gesehen haben, und wie Jesus zur rechten Gottes steht" (Apostelgeschichte 7:55). Ebenso gibt es heutige Zeugnisse über die gleiche Glaubensgewissheit, auch wenn sich eine Person am Ende ihres Lebens befindet.

Eines Tages machte ich einen Gebetsspaziergang in der Nähe unseres Hauses und ging einen Hügel hinauf. Dann war mir, als hätte ich einen schwachen Schrei gehört Ich schaute in den Vorgarten des nächsten Hauses, und eine ältere Frau lag auf dem Fußweg. Sie hatte keinen Schutz vor der brennenden Sonne, denn sie konnte sich nicht bewegen, um in den Schatten zu kommen. Als ich näher kam, schaute sie zu mir hoch und sagte: „Danke, Gott, dass Du mir einen von den Deinigen gesandt hast." Sie war eine Christin und hatte um Hilfe gebetet. Dann erkannte sie mich von einem Video. Ich half ihr ins Haus. Sie teilte mir mit, sie sei gerade aus dem Krankenhaus zurückgekehrt. Im Laufe der Unterhaltung sagte sie auch, sie würde jedes Mal wenigstens einen Bekehrten erwarten, wenn sie sich im Krankenhaus aufhalten müsste. Denn dort missionierte sie.

Einige Zeit später verstarb sie. Laut ihrer Tochter war Folgendes geschehen: Vor ein paar Jahren hatte die Frau vier Bypass-Operationen gehabt. Gott hatte ihr gesagt, falls sie wollte, könnte sie nach Hause in den Himmel kommen. Aber sie entgegnete Ihm, sie wolle nicht heimgehen, bevor ihre Arbeit auf der Erde beendet sei. So lebte sie weiter. Ein Jahr vor ihrem Tod wuchs ein Tumor hinter ihrer Nase und zog ein Auge in Mitleidenschaft. Es blieb verschlossen und Klumpen bildeten sich unter ihrem Kinn. Zu dieser Zeit war sie 88 Jahre alt, konnte keine Narkose mehr verkraften, hatte noch einen Herzanfall und blieb dann im Hospiz.

Sie war eine mit Heiligem Geist gefüllte Person, aber einige Tage vor ihrem Tod wurde sie unter dem Einfluss verschiedener

Medikamente von Zweifeln geplagt. Dies spürte ihre Tochter und fragte: „Weißt du, ob du errettet bist?" Sie wollte dies 100-prozentig sicherstellen und führte ihre Mutter noch einmal ins Gebet des Sünders. So betete sie: „Herr Jesus Christus, ich bedauere, was ich in meinen Leben falsch gemacht habe. Bitte vergib mir. Danke, Herr Jesus. Amen."

Nachdem die Tochter mit ihrer Mutter gebetet hatte, wurde sie in Frieden gehüllt und lächelte selig. Etwa drei Tage vor ihrem Tod empfand die Familie, dass Jesus in das Zimmer gekommen war und jetzt an ihrem Bett saß. Er wartete auf sie, damit sie mit Ihm in den Himmel käme. An ihrem letzten Abend konnte sie nicht mehr sprechen, schaute aber ihre Tochter an, die ihren Blick verstand. Sie fragte ihre Mutter: „Ist die Zeit des Abschieds jetzt gekommen?" Die Frau antwortete mit dem schönsten Lächeln. Deshalb betete die Tochter und bat Jesus, ihre Mutter mit nach Hause zu nehmen. Augenblicklich schaute die Mutter nicht mehr ihre Tochter an, sondern auf einen Punkt über ihr. Ihr lächelndes Gesicht war wunderschön. Sie sah Jesus und wurde gemäß ihrer Tochter dabei geheilt. Ihr Auge öffnete sich, und sie konnte wieder mit beiden Augen sehen. Die Klumpen unter ihrem Kinn verschwanden. Schließlich hörte ihr Herz auf zu schlagen. Sie ging mit einem geheilten Körper und so viel Freude nach Hause.

Gewissheit ist uns allen verheißen worden. Wir müssen nicht in Angst und Not leben und sterben. Stattdessen dürfen wir wissen, wir gehören zu Gott und der Himmel wartet auf uns. Als Jesus im Heiligen Geist getauft wurde, wurde Ihm Seine Identität in Gott zugesichert. Und als der Geist auf Ihn herabstieg, hörte Er augenblicklich die Stimme des Vaters aus dem Himmel sagen: *„Du bist mein Sohn, den ich liebe; an Dir habe ich Wohlgefallen"* (Markus 1:11). Genau dies geschieht bei jeder Taufe im Geist. Wir empfangen den Heiligen Geist, der uns bezeugt, dass wir Kinder Gottes sind. Durch Ihn vertrauen wir, Gott ist unser Vater, den wir „Abba" nennen.

... sondern einen Geist der Sohnschaft habt ihr empfangen, in dem wir rufen: Abba, Vater! Der Geist selbst bezeugt zusammen mit unserem Geist, dass wir Kinder Gottes sind.

Römer 8:15+18; siehe auch Galater 4:6; 1. Johannes 3:24

An anderen Stellen stellt die Bibel das Geschenk der Gewissheit als Siegel oder Pfand des Heiligen Geistes dar. So ist diese Garantie auf unser ewiges Erbe erfahrbar.

Der uns aber mit euch festigt in Christus und uns gesalbt hat, ist Gott, der uns auch versiegelt und die Anzahlung des Geistes in unsere Herzen gegeben hat. 2. Korinther 1:21+22

Der uns aber eben hierzu bereitet hat, ist Gott, der uns die Anzahlung des Geistes gegeben hat. 2. Korinther 5:5

In ihm seid auch ihr, als ihr das Wort der Wahrheit, das Evangelium eures Heils, gehört habt und gläubig geworden seid, versiegelt worden mit dem Heiligen Geist der Verheißung. Der ist die Anzahlung auf unser Erbe auf die Erlösung seines Eigentums zum Preise seiner Herrlichkeit. Epheser 1:13+14

Es gibt viele Gelegenheiten, wo *„wir im Glauben leben, nicht im Schauen"* (2. Korinther 5:7). Trotzdem haben wir die grundlegende Gewissheit: Wir sind Kinder Gottes und kennen unsere Zukunft in Ihm. Für Lutheraner wie mich ist die durch den Geist gegebene Gewissheit von besonderer Bedeutung. Sie bestätigt den Durchbruch der Erkenntnis, die Gott Martin Luther anvertraut hat. Wir sind durch Glauben gerechtfertigt, nicht durch Werke. Die Errettung ist ein Gnadengeschenk, kein Verdienst. Erfolgt das Eintauchen in den Geist wird diese Kernaussage lebendig, damit unser Glaube *„eine Wirklichkeit dessen ist, was man hofft, ein Überführtsein von Dingen, die man nicht sieht"* (Hebräer 11:1).[4]

4 Emil Wacker, Ordo Salutis (Breklum: Christian Jensen Verlag, 1960), 5.

Das Geschenk der Gewissheit ist schon wunderbar, aber die Taufe im Heiligen Geist verspricht uns sogar noch mehr. Johannes der Täufer kam vor Jesus und bereitete Ihm den Weg. Johannes predigte eine Taufe der Buße zur Vergebung der Sünden. Dann taufte er Menschen mit Wasser, wusste aber, dass ihm Kraft fehlte. Aufgrund seiner Predigt konnten Menschen Buße tun, und es wurde ihnen vergeben. Aber sie empfingen nicht die notwendige Kraft für eine bleibende Veränderung. Sünde konnte durch die Wassertaufe nicht dauerhaft überwunden werden. Deshalb verkündete Johannes:

... Nach mir kommt der, der stärker ist als ich; ich bin nicht würdig, ihm gebückt den Riemen seiner Sandalen zu lösen. Ich habe euch mit Wasser getauft, er aber wird euch mit Heiligem Geist taufen.

Markus 1:7+8

Durch die Geistestaufe verlieh Jesus der Buße der Menschen Kraft und machte sie dadurch siegreich über Versuchungen und Sünde. Der Heilige Geist wirkte Heiligkeit in ihnen, wie es auch Jesus zuerst erfuhr. Mit der Geistestaufe empfing Jesus die Kraft, mehrere Versuchungen und die anschließende 40-tägige Kraftprobe mit dem Satan in der Wüste zu überstehen. Die Bibel berichtet, dass Jesus „voll des Heiligen Geistes" „durch den Geist" in die Wüste „geführt" wurde, um „vom Teufel versucht" zu werden (Lukas 4:1+2). Ohne den Geist hätte Jesus versagt, aber „voll des Heiligen Geistes" siegte Er in Heiligkeit. Für uns gilt dies genauso.

Wir suchen die Taufe mit dem Geist, damit nicht die Sünde unser Meister ist. Durch den Geist überwinden wir jegliche Versuchung:

Denn die Sünde wird nicht über euch herrschen ... Römer 6:14

...aber durch den Geist die Handlungen des Leibes tötet ... Römer 6:13

Wandelt im Geist, und ihr werdet die Begierde des Fleisches nicht erfüllen. Galater 5:16

Letztendlich sollen wir durch die Geistestaufe für die Missionsarbeit vorbereitet werden. Diese Wirkung erfuhr Jesus ebenso. Seine Geistestaufe wappnete Ihn für Seine Arbeit. Und Er verkündete:

Der Geist des Herrn ist auf mir, weil er mich gesalbt hat, Armen gute Botschaft zu verkündigen; er hat mich gesandt, Gefangenen Freiheit auszurufen und Blinden, dass sie wieder sehen, Zerschlagene in Freiheit hinzusenden, auszurufen ein angenehmes Jahr des Herrn.
Lukas 4:18+19

Genau wie Jesus, brauchen auch wir den Geist auf uns und müssen mit Ihm gesalbt sein, damit wir die Kraft haben, die gute Nachricht den Armen zu predigen und den Gefangenen Freiheit auszurufen. Dies war Jesu erklärtes Ziel für Seine Jünger, als Er ihnen befahl, in Jerusalem zu bleiben und auf die Taufe mit dem Geist zu warten. Wenn der Geist auf sie käme, würden sie die Kraft empfangen, Seine Zeugen zu sein. – Jesus sagte ihnen:

... sondern auf die Verheißung des Vaters zu warten ... ihr aber werdet mit Heiligem Geist getauft werden nach diesen wenigen Tagen... Aber ihr werdet Kraft empfangen, wenn der Heilige Geist auf euch gekommen ist; und ihr werdet meine Zeugen sein, sowohl in Jerusalem als auch in ganz Judäa und Samaria und bis an das Ende der Erde. Apostelgeschichte 1:4-8

Während ich der Verheißung Jesu vertraute, hatte ich jahrelang gebetet, die Kraft des Geistes für die Mission möge in einem größeren Maß in unsere Gemeinde kommen. An einem Sonntagmorgen im Frühjahr 2006[5] dachte ich, gehört zu

5 19. November 2006

haben, wie die Stimme Gottes Folgendes sagte: „Während des Gottesdienstes möchte ich, dass du einen Altarruf zur Errettung gibst." Ich stimmte dem zu. Aber der erste Gottesdienst war nicht gut besucht, und mich fröstelte in der frühen Morgenkühle. Es waren etwa 25 Personen anwesend, und ich dachte, ich würde sie alle kennen. Deshalb wollte ich mit dem Altarruf bis nach dem zweiten Gottesdienst warten, denn dies war der Hauptgottesdienst unserer Living Grace Gemeinde.

Nach der Predigt im ersten Gottesdienst setzte ich mich. Augenblicklich erhob sich ein Mann von den letzten Bänken. Sein Name war David Challenor, und er war nie zuvor in der Living Grace Gemeinde gewesen. Ich hatte ihn übersehen, obwohl er ziemlich groß war und seine Arme voller Tattoos waren. Er sagte: „Ich habe einen 14-jährigen Jungen mitgebracht, und er möchte zum Herrn kommen. Kann ihm jemand helfen?" Ich fühlte den sanften Tadel Gottes und betete: „Es tut mir leid. Ich möchte das nächste Mal gehorsamer sein und Dir vertrauen." Wir stoppten unseren Ablauf und luden die beiden ein, nach vorne zu kommen. Ich führte den Jungen in ein Übergabegebet hinein, und wir freuten uns alle an seiner Errettung.

Es gab noch mehr Jubel, als wir herausfanden, wie Gott David gesegnet hatte und dieser Junge in seine Obhut gekommen war. Ein paar Jahre zuvor war David drogenabhängig und gewalttätiges Mitglied eines Motorradclubs gewesen. Als verurteilter Krimineller musste er einige Zeit im Gefängnis verbringen. Aber Gott hatte ihn zu einem neuen Leben in Christus gerufen und erlaubt, der Gesellschaft etwas zurückzugeben. Sogar die Polizei begann ihm soweit zu vertrauen, dass sie Kontakt zu ihm aufnahm und ihn um Hilfe bei der Betreuung eines 14-jährigen Jungen bat. David nahm ihn mit nach Hause und zur Gemeinde. Zuerst dachte er, er sei in der falschen Versammlung gelandet, aber Gott wusste es besser. Der Junge wurde errettet und schon bald wurde David zum Vollzeit-Evangelisten der Living Grace Gemeinde.

Dies ist nur ein Zeugnis, wie uns der Geist zum Dienst ermächtigt. Er spricht zu uns und bringt uns in unsere Berufung. Er bewegt sich in den Herzen der Menschen und stellt sicher, dass das Wort Gottes nicht leer zurückkommt.

Hier noch einmal die drei wichtigsten Vorzüge der Geistestaufe: Wir empfangen: 1) Gewissheit, 2) Sieg über die Sünde und 3) Kraft für den Dienst. All diese Auswirkungen erlebte Jesus, als Er mit dem Geist getauft wurde. Er empfing Gewissheit, als eine Stimme vom Himmel erschallte und sagte: *„Du bist mein Sohn, den ich liebe."* (Markus 1:11) Dann erhielt Er den Sieg über die Sünde, als Ihn der Geist ermächtigte, den Versuchungen zu widerstehen, die Seiner Taufe alsbald folgten. Weiterhin bekam er Kraft für den Dienst, die Ihn befähigte, mit Vollmacht zu predigen, die Kranken zu heilen und Dämonen auszutreiben.

Die Geistestaufe ist für alle Gläubigen die zentrale Erfahrung ihres christlichen Lebens. Durch sie blicken wir auf unsere Bekehrung mit Gewissheit; wir schauen zuversichtlich auf unsere voranschreitende persönliche Heiligung und können andere Menschen mit dem Evangelium erreichen. All diese Vorteile haben gemeinsam, dass wir „Kraft empfangen, wenn der Heilige Geist kommt" (Apostelgeschichte 1:8).

3
Der Heilige Geist kann von jedem empfangen werden

Nach Seiner Auferstehung von den Toten begegnete Jesus Seinen Jüngern erneut. Als auferstandener Herr vermittelte Er ihnen die Errettungsbotschaft und umfasste die Bedeutung der mit Ihm gemachten Erfahrungen. Dann sagte Er:

So steht geschrieben, und so musste der Christus leiden und am dritten Tag auferstehen aus den Toten und in seinem Namen Buße zur Vergebung der Sünden gepredigt werden allen Nationen, anfangend von Jerusalem. Ihr seid Zeugen hiervon. Lukas 24:46-48

Jesus erläuterte Seinen Jüngern noch einmal Seine Identität und erklärte sich zum Zentrum der Heilsbotschaft. Es ging nur um Ihn. Seinetwegen und in Seinem Namen sollten die Jünger allen Nationen Buße und Vergebung predigen.

Später führte Jesus Seine Pläne weiter aus und zog ihre Aufmerksamkeit auf den Heiligen Geist. Er befahl ihnen, Jerusalem nicht zu verlassen, bis sie im Geist eingetaucht waren. Aber bis dahin war der Fokus auf Seiner Person etabliert. Errettung gibt es in keinem anderen Namen, nur durch Jesus. Deshalb würde der kommende Geist nicht von der Hingabe an Jesus ablenken, sondern dem Ziel dienen, Ihm alle Ehre zuteilwerden zu lassen. Jesus erklärte: „*Der Geist … wird nicht aus sich selbst sprechen … Er wird mich verherrlichen …*" (Johannes 16:13+14)

Bevor Jesus die Bühne für den Heiligen Geist bereitete, stellte Er klar, weiterhin im Mittelpunkt bei der Arbeit der Jünger zu stehen. Errettung geschieht in Seinem Namen. Der Geist würde keine Aufmerksamkeit auf Seine eigene Person lenken, sondern stattdessen der Predigt über Jesus mehr Macht verleihen. Das mögen wir im Sinn behalten, wenn dieses Kapitel nun auch beschreibt, wie aufregend der Empfang des Heiligen Geistes sein kann.

Zwei vorangehende Bemerkungen

Vor ein paar Jahren erläuterte mir jemand, weshalb es Deutschen offenbar so schwer fällt, den Heiligen Geist zu empfangen und sich an ihm zu freuen. Deutsche sind oftmals zu analytisch und technisch gesinnt. Sie bekommen einen Geschmack des Geistes; tendieren dann aber dazu, genaue methodische Anleitungen über Sein Wirken festzuhalten. Doch der Geist bewegt sich nicht in eingefahrenen Mustern. Ich komme ursprünglich aus Deutschland und muss dieser Einschätzung Recht geben.

Nachdem ich lange Zeit nicht in meiner Heimat gewesen war, kehrte ich nach 10 Jahren für einen Besuch zurück. Die Werbung in einer Frauenzeitschrift fand ich sehr erstaunlich. Für einen Flip-Flop (Sandale) aus Plastik waren sieben wissenschaftliche Gründe aufgeführt, warum dieser Flip-Flop qualitativ besser sein sollte als seine Konkurrenten. Ein billiger Flip-Flop aus Plastik ist keine hochtechnisierte Erfindung. Aber scheinbar akzeptierten deutsche Frauen ohne Widerspuch, dass präzise Wertarbeit das oberste Gütesiegel selbst des einfachsten Schuhwerks ist. Wo sonst verhalten sich Menschen wie Deutsche? Technische Exzellenz ist Teil ihrer Kultur und macht sie zu Leistungsträgern, doch die wissenschaftliche Mentalität verursacht Probleme mit dem Geist Gottes. Denn es gibt keine exakte Methode, um den Geist zu empfangen und Seine Gegenwart zu beherrschen.

Weder gibt es eine Betriebsanleitung für den Heiligen Geist noch kann man Ihn kontrollieren. Kein technischer Prozess kann Ihn zu fassen bekommen, denn Er bleibt unabhängig und kreativ. Beispielsweise gab es einzig in Apostelgeschichte 2 ein „Brausen, als führe ein gewaltiger Wind daher" (Apostelgeschichte 2:2) und etwas „wie zerteilte Zungen aus Feuer" (Apostelgeschichte 2:3). Laut Apostelgeschichte 8:16+17 kam der Heilige Geist auf die Menschen aus Samaria, nachdem sie im Wasser getauft waren und ihnen die Apostel die Hände aufgelegt hatten. Aber gemäß eines anderen Berichtes kam der Heilige Geist auf die Mitglieder einer ganzen Familien, bevor sie im Wasser getauft waren und irgendeine Person ihnen die Hände auflegen konnte. Sie empfingen den Geist, als sie der guten Nachricht von Jesus Christus zuhörten (siehe Apostelgeschichte 10:44-48). Einmal bewirkte der Geist das Sprechen in Zungen und das Lob Gottes (siehe Apostelgeschichte 10:46), und ein anderes Mal rief Sein Kommen das Sprechen in Zungen und Prophetie hervor (siehe Apostelgeschichte 19:6).

Es gibt keine Betriebsanleitung, die genau beschreibt, wie Menschen den Heiligen Geist empfangen; keinen festgesetzten Ablauf und keine wissenschaftlichen Gesetzmäßigkeiten – auch nicht für Deutsche. Wir haben nur Prinzipien, die uns auf den Empfang des Heiligen Geistes vorbereiten, so wie Gott es für uns geplant hat. Deshalb handelt dieser Abschnitt von Grundsätzen, nicht von unbeugsamen Gesetzen. Gott, in Seiner liebenden Fürsorge, schneidet die Taufe im Heiligen Geist auf jede Person entsprechend ihrer Bedürfnisse zu.

Zu dieser Beobachtung müssen wir noch Folgendes einleitend hinzufügen. Als Jesus den Jüngern versprach, sie würden den Heiligen Geist empfangen, bedeutete dies nicht, sie würden

den Heiligen Geist nur einmal erhalten und Ihn dann als ihren sicheren Besitz kontrollieren können. Es gibt für keinen Christen eine statische Übereinkunft. Unsere Beziehung zum Geist ist von Anfang bis Ende dynamischer Natur. Von daher gelten auch die gleichen Grundsätze für den ersten Empfang des Geistes und das ganze christliche Leben. Denn nach dem ersten Kommen des Geistes sind weitere Erfahrungen notwendig.

Schon bald nach ihrem erstmaligen Eintauchen in den Geist erkannten die Jünger, dass sie diese Erfahrung erneut machen mussten, denn niemand bleibt in dem Zustand der vollkommenen Durchtränktheit mit dem Geist. Die Intensität des Geistes schwindet. So besteht immer ein neuer Bedarf, um mit dem Geist durchtränkt oder gefüllt zu werden. Deshalb ermutigt uns die Bibel dazu „mit dem Geist gefüllt" zu bleiben (Epheser 5:18). Wir haben es nötig, die Prinzipien beständig anzuwenden, die es Ihm erlauben, uns komplett zu füllen.

Des Weiteren lehrte Jesus die Jünger nach Seiner Auferstehung über Seine Person und gründete sie so als Menschen des Glaubens, die „Ihn anbeten" und „beständig im Tempel blieben und Gott lobten" (Lukas 24:52+53). Zu dieser Zeit waren sie noch nicht mit dem Heiligen Geist getauft. Trotzdem wirkte der Heilige Geist in den Jüngern, denn gemäß der Bibel „kann niemand sagen, Jesus ist der Herr, ausgenommen durch den Heiligen Geist" (1. Korinther 12:3).[6] Sie waren in der gleichen Position wie andere Christen, die Jesus vertrauen und anbeten, aber noch nicht das vollkommene Eintauchen in den Geist erlebt haben.

Für die Jünger ereignete sich die Geistestaufe am Pfingsttag (siehe Apostelgeschichte 2). Sie empfingen den Heiligen Geist mit einem „Brausen, als führe ein gewaltiger Wind daher" und erschien „wie zerteilte Zungen aus Feuer" (Apostelgeschichte 2:2+3). Es wurde mit Kraft gepredigt und etwa 3.000 Menschen bekehrten sich.

6 Siehe auch Johannes 20:21-23.

Aber nur wenige Tage später wurde eine neue Ermutigung gebraucht. Der Empfang des gleichen Heiligen Geistes mit Seiner ganzen Kraft war erneut notwendig. Im Angesicht der Verfolgung kamen die bedrückten Jünger zum Gebet zusammen. Nach dem Gebet heißt es in der Bibel:

Und als sie gebetet hatten, bewegte sich die Stätte, wo sie versammelt waren; und sie wurden alle mit dem Heiligen Geist erfüllt und redeten das Wort Gottes mit Freimütigkeit. Apostelgeschichte 4:31

Schon bald nach ihrer Geistestaufe und ihres vollständigen Eintauchens in Seine Gegenwart brauchten die Jünger eine erneute Füllung. Der Geist musste für eine Nachfüllung auf sie kommen.

In dieser Situation befinden sich alle Christen. Sobald wir die Taufe mit dem Geist empfangen haben, treten wir in eine vollmächtigere Beziehung zu Gott ein. Aber wir verbleiben nicht immer auf dem gleichen Niveau unserer Füllung mit Ihm. In einem Gottesdienst, oder wenn für uns gebetet wird, mag der Heilige Geist in Fülle kommen und Seine Gegenwart auf erstaunliche Weise manifestieren. Aber wie einzigartig auch immer diese überaus große Erfahrung gewesen sein mag, wir können diese nicht festhalten. Nach jeder Füllung brauchen wir eine Nachfüllung, denn wir bleiben nicht beständig auf dem gleichen Niveau der geistlichen Kraft. Unsere Beziehung zum Heiligen Geist ist dynamisch und bedarf unserer ständigen Aufmerksamkeit. Gott handelt souverän und bleibt außerhalb unserer Kontrolle.

Doch trotz unseres beständigen Bedarfs nach einer erneuten Erfahrung können wir an geistlicher Kraft zunehmen. Einerseits warnt uns die Bibel, nicht „den Heiligen Geist zu betrüben" (Epheser 4:30) oder „den Heiligen Geist auszulöschen" (1. Thessalonicher 5:19), aber andererseits ermutigt uns die Bibel

„im Geist zu leben und zu wandeln" (Galater 5:25). Je mehr wir lernen, diesen Anweisungen zu gehorchen, desto mehr kann Er uns gebrauchen, um noch Größeres in Jesu Namen zu erreichen.

Geistliche Kraft erweiterte sich noch auf eine andere Art. Seit unserer erstmaligen Taufe mit dem Heiligen Geist können wir tun, wozu uns der Geist auch immer auffordert. So können wir jemanden heilen, ein Wort der Weisheit sprechen oder prophezeien. Aber es scheint noch ein weiteres Level der geistlichen Kraft zu geben. Dort werden uns einige dieser geistlichen Manifestationen als geistliche Gaben anvertraut, um diese beständiger auszuüben. Die Bibel ermutigt uns, mehr vom Geist aufzuweisen:

Eifert aber um die größeren Gnadengaben! 1. Korinther 12:31

... eifert aber nach den geistlichen Gaben, besonders aber, dass ihr weissagt! 1. Korinther 14:1

... die Gnadengabe Gottes anzufachen, die in dir durch das Auflegen meiner Hände ist. 2. Timotheus 1:6

Zusammenfassend hat jeder Christ, der Jesus als Herrn bekennt, ein Maß der geistlichen Kraft in sich. Aber darüber hinaus kann jeder auch die Taufe mit dem Heiligen Geist erfahren, worin für den Gläubigen eine weitere Freisetzung und Erfüllung des Heiligen Geistes liegt. Nach dieser ersten Taufe mit dem Geist und seiner Erfüllung bedarf es aber Nachfüllungen. Denn das gleiche Niveau der geistlichen Kraft und manifestierten Gegenwart bleibt nicht beständig bei uns. Ferner können wir tatsächlich in der Kraft des Geistes wachsen. Somit empfangen wir den Heiligen Geist nicht einmalig und behalten Ihn als unseren statischen Besitz. Die geistlichen Prinzipien müssen beständig angewendet werden. Diese werden im Laufe dieses Kapitels erklärt.

Buße

Folgende geistlichen Grundsätze bereiten uns zum Empfang des Heiligen Geistes in der von Gott für uns vorgesehenen Art vor. Das erste und fundamentalste Prinzip ist die Buße. Bevor Jesus die Bühne betrat, bereitete ein anderer Mann die Menschen für Jesu Kommen mit der Predigt über die Buße vor. Johannes der Täufer ermutigte jeden, sich von der Sünde abzuwenden und bereit für den Herrn zu sein (siehe Markus 1:1-8). Jesus baute auf dem Werk von Johannes auf und bestätigte die Notwendigkeit der Buße. Es gibt keinen anderen Weg, um das Reich Gottes betreten zu können. Deshalb wies Er Seine Jünger an, die Predigt über „Buße zur Vergebung der Sünden ... in Seinem Namen zu allen Nationen" aufrecht zu halten (Lukas 24:47). Nach Jesu Himmelfahrt erklärten die Jünger deshalb schon in ihrer ersten Predigt, dass Buße die Tür sei, um den Heiligen Geist zu empfangen:

Petrus aber sprach zu ihnen: Tut Buße, und jeder von euch lasse sich taufen auf den Namen Jesu Christi zur Vergebung eurer Sünden! Und ihr werdet die Gabe des Heiligen Geistes empfangen.

Apostelgeschichte 2:38

Die Jünger erklärten von Anfang an, die Gabe des Heiligen Geistes erfordere eine vorherige Buße. Diese Voraussetzung wurde als ernsthafte Angelegenheit behandelt. Es wurde darauf beharrt, dass „ohne Heiligkeit niemand den Herrn sehen wird" (Hebräer 12:14). In der Bibel warnten die Jünger immer wieder vor einem erneuten Abgleiten in die Sünde und dem Eingehen von Kompromissen. Denn die Fülle des Heiligen Geistes könnte man nicht unter unheiligen Sünden finden:

Und betrübt nicht den Heiligen Geist Gottes ...! Alle Bitterkeit und Wut und Zorn und Geschrei und Lästerung sei von euch weggetan, samt aller Bosheit!

Epheser 4:30+31

Bei meinem Werdegang und der Arbeit als Pastor hatten die Lehren über Buße und Heiligkeit keine große Priorität. Schnell entschuldigte ich fehlende Hingabe und bleibende Sünden mit einem liebevollen und gnädigen Gott. Nach meiner Auffassung würde Gott doch unser modernes Kirchenleben verstehen und tolerieren, denn niemand schien der westlichen Verbraucherkultur zu entkommen.

Aber eines Tages wurde ich durch einen Bericht in der Autobiographie von Charles Finney überführt. Als skeptischer Rechtsanwalt stand er dem christlichen Glauben so hartnäckig entgegen, dass jemand gesagt hatte: „Wenn ihr Christen es schafft, Finney zu bekehren, werde auch ich an Religion glauben." So war Finneys Bekehrung eine Attraktion, und schon bald danach folgten ihm andere junge Männer und suchten ebenso Gott. Um ungestört zu sein, war Finney in den außerhalb der Stadt gelegenen Wald gegangen. Als dies bekannt wurde, machten andere junge Männer dieselbe Reise in den Wald. Sie wollten in der Abgeschiedenheit beten, und alle kamen voller Freude über ihre Errettung zurück.

Doch ein Mann sträubte sich dagegen. Er war zu dem Schluss gekommen, nicht in den Wald gehen zu müssen, um seinen Frieden mit Gott zu schließen. Seine Bekehrung sollte nicht den anderen gleichen, und sein Stolz machte ihn stur. Aber Gott arbeitete an seinem Hochmut und befreite ihn nicht von seinen Sünden. Er wollte Christ werden, fühlte aber nichts als Verzweiflung wegen seiner Schuld.

Der Mann stritt mit Gott und versuchte Ihn von seiner richtigen Haltung zu überzeugen. Einmal wurde er so ärgerlich über Gottes Weigerung, sein Gebet zu erhören, dass er fast Selbstmord beging. Weil die Versuchung so groß war, warf er lieber sein Taschenmesser aus Angst weg. Einmal kehrte er von einem Gottesdienst zurück, und dachte intensiv über seinen Widerstand nach, nicht zum Gebet in den Wald zu gehen. Wieder versuchte er Gott zu beweisen, kein Stolz hielt ihn vom Wald ab. Er hielt Ausschau nach einer Pfütze, um in der Öffentlichkeit niederzuknien. Dies sollte Gott und ihm selbst beweisen, dass er nicht hochmütig war.

Es war vergeblich. Nach langer Zeit gab er auf und ging in den Wald. Bei seiner Rückkehr rief und sang er so laut er konnte. Immer wieder klatschte er in die Hände und jauchzte: „Ich juble über den Gott meiner Errettung." Sobald er seinen Widerstand aufgab und im Wald niederkniete, kam der Geist Gottes mit solcher Kraft auf ihn, dass er ihn mit unaussprechlicher Freude füllte.[7]

Dieses Zeugnis in der Autobiographie von Charles Finney forderte mich, den lutherischer Pastor, heraus. Ich war mir sicher, ich hätte die Notlage dieses Mannes nicht erkannt. Mein Rat an ihn hätte gelautet, sich von Selbstverdammnis und Unglauben zu lösen. Er hatte doch Jesus als Herrn erkannt und bekannt und sollte jetzt Seiner Gnade vertrauen. Alle anhaltenden Schuldgefühle sollte man auf der Grundlage seines informierten Glaubensverständnisses ignorieren. Heute macht mich meine damalige Unreife verlegen. Ein Pastor muss über bessere geistliche Einsicht verfügen. Er sollte eine Bekehrung nicht als einen automatischen Prozess aufgrund richtiger Gedanken über Jesus ansehen. Die Umkehr einer Person ist ein ernsthafter Vorgang, und Gott besteht auf eine demütige Hingabe, bevor Er das neue Leben im Reich Gottes schenkt und mit dem Heiligen Geist erfüllt.

Der Geist führt uns in die Buße, welche zum Lebensstil für uns wird. Als Martin Luther 95 Thesen an die Kirchentür in Wittenberg nagelte, beschäftigte er damit nicht nur die Köpfe der Gelehrten, sondern löste eine Reformation in der Kirche aus.

Seine erste These griff den elementaren Wert der Buße auf:

7 Garth M. Rosell und Richard A.G. Dupuis, eds., Charles Finney: Original Memoirs of Charles G. Finney (Grand Rapids, MI: Zondervan, 1989), 25-27.

These 1 *(Betonung hinzugefügt)*: Wenn unser Herr und Meister Jesus Christus sagt: „Tu Buße", meint Er *das ganze Leben des Gläubigen, das eins der Buße sein sollte.*

Kein Mensch und keine Gemeinde werden sich an der Fülle des Heiligen Geistes erfreuen können, ohne Buße als Hingabe für das ganze Leben zu verstehen. Dies mag wie eine lästige Pflicht klingen, aber der Heilige Geist ist sanftmütig und voller Überraschungen. In Liebe leitet Er uns in eine zunehmende Demut.

Im März 2008 saß ich an meinem Schreibtisch und wollte eine Predigt niederschreiben, die sich auf meine Nachforschungen und Notizen gründen sollte. Aber als ich mit dem Schreiben begann, nahm das Ganze eine Wendung, und eine vollständig andere Botschaft entwickelte sich. Ich empfand, die Eingaben kamen von Gott. Ich hatte den Eindruck, da war Gott am Werk. Deshalb predigte ich diese Botschaft, die uns Lutheraner mit unserem beharrlichen Widerstand gegen die Bewegungen Gottes konfrontierte.

Beispielsweise führte ich an, wie wir uns in Australien gegen das Kommen von Billy Graham gewehrt hatten. Kirchenbeauftragte aus der ganzen Nation hatten folgende Resolution bei der Allgemeinen Synode im Jahre 1968 verfasst:

> **... Wir können indes nicht die Teilnahme oder Kooperation unserer Pastoren und Versammlungen an Dr. Grahams Kampagne empfehlen. Dr. Graham verkündigt das Evangelium nicht in seiner Wahrheit und Reinheit ... Eine Teilnahme an den vorhergehenden Gebetsversammlungen und die Zusammenarbeit bei den Kampagnen kann kaum Kompromisse bei der Wahrheit ausschließen und Verwicklungen in falscher Einheit ...**

Dies war ein Fehler; sogar in unseren eigenen Reihen gibt es jetzt Pastoren und andere Gemeindemitglieder, die durch die Arbeit von Billy Graham zu Christen wurden. Dann setzte ich meine Predigt mit der erst kürzlichen Ablehnung des Alpha-Kurses fort. In diesem Fall gaben wir keine offizielle Warnung über das Programm heraus, aber viele Gespräche über den Kurs in kirchlichen Kreisen verliefen negativ. Wir missbilligten die angeblichen Schwachstellen des Lehrmaterials. Sogar die Statistiken über neues Leben und Glauben auf der ganzen Erde gaben uns keinen Anlass zur Freude.

In meiner Predigt gab es noch mehr Hinweise auf die lutherische Kultur, sich gegen die von Gott gegebenen Bewegungen zu stellen. Wir Lutheraner hatten Distanz zu „Rick Warren's 40 Days of Purpose Program" gewahrt, das 2004 die ganze Nation überflutete. Auch hielten wir eine Wolke des Argwohns über den internationalen „Emmaus Walk" aufrecht, trotz der freudigen Zeugnisse von Lutheranern. Darüber hinaus blieben wir negativ über die Anbetungsmusik der Hillsong Gemeinde in Sydney, obwohl australische Songwriter wie Darlene Zschech die Welt nachhaltig beeinflussten.

Durch die vielen Belege in meiner Predigt konnten wir erkennten, dass es etwas in unserer lutherischen Kultur gab, was sich gegen die Bewegungen Gottes stellte. Vielleicht waren wir zu stolz, um etwas anzuerkennen, was nicht lutherisch war. Am Ende meiner Predigt fügte ich ein letztes Beweisstück hinzu, welches diese Liste mehr oder weniger „zufällig" ergänzte. Ich hatte keine besonderen Emotionen bei diesem Thema, erwähnte aber unsere lutherische Beurteilung zum „Toronto-Segen".

Ich glaube ohne jeden Zweifel, was Gott 1994 in der Toronto Airport Gemeinde ausgegossen hat, zählt zu den meist verschmähten Bewegungen in der modernen Kirchengeschichte. Und ich hatte den kritischen Stimmen beigewohnt, obwohl ich mich nie nach dem Geschehenen erkundigt hatte. Aber einige Monate vor meiner Predigt stieß ich zufällig beim Surfen im Internet auf eine aufgenommene Lehre des leitenden Pastors dieser Gemeinde. Die Lehre war gut und überraschte mich. Ich hatte mir vorgestellt, der Redestil eines solchen Pastors sei übertrieben gefühlsbetont. Indes klang er ruhig und solide.

Diese Feststellung stellte mein Vorurteil in Frage, was noch weiter untergraben wurde, als ich ein Buch las und feststellte, der Autor war genau dieser Pastor. Der Titel war „The Father's Blessing", und mir gefiel das Buch. Mir wurde klar, dieser Pastor war nicht „gemeingefährlich", sondern ein Mann Gottes. Er beschrieb, was sich in seiner Gemeinde zugetragen hatte. Ich erfuhr, dass es nicht in erster Linie um Erfahrungen mit dem Heiligen Geist ging, sondern um eine Begegnung mit der Liebe des Vaters.

Dann wurde mir bewusst, dass ich einige Früchte von diesen Geschehnissen in Toronto kannte. Beispielsweise war der Alpha-Kurs mit diesem Ausgießen des Heiligen Geistes verbunden. Denn ein Mitarbeiter hatte den „Segen" in die Londoner Gemeinde gebracht, welche dann das Alpha-Programm entwickelte. Darüber hinaus waren mir die amerikanischen Missionare Rolland und Heidi Baker bekannt, die in Mosambik tätig waren. Sie hatten Heilung und prophetische Offenbarung in Toronto erfahren und gründeten daraufhin mehr als 6.000 Gemeinden in nur fünf Jahren.

Ohne weitere Nachforschungen oder spezielles Interesse am Toronto-Segen wusste ich schon jetzt genug, um das Phänomen in meine Liste der Bewegungen Gottes aufzunehmen, denen wir Lutheraner permanent entgegenstanden. Nachdem ich meine Predigt beendet hatte, lud ich die Kirchenmitglieder ein, nach vorne zu kommen, das Mikrofon zu nehmen und uns in ein Gebet der Buße zu führen. Einer nach dem anderen drückten wir unser Bedauern aus, bekannten unsere eigenen Sünden und das

Versagen unserer Kirche. Es gab weder ein Fingerzeigen, noch eine überhebliche Haltung, nur ernstgemeinte Demut.

In der darauf folgenden Woche besuchte ich eine Konferenz in einer Gemeinde an der drei Stunden entfernten Goldküste. Mir war nicht klar, wohin wir gingen und wer der Hauptsprecher sein würde. Ein Freund aus einer Pfingstgemeinde hatte alles arrangiert. Ich hatte mich nicht darum gekümmert, was die Konferenz verhieß. Ich wollte die Zeit als Arbeitsunterbrechung nutzen, und um mich Gott zu nähern.

Die Anbetung bei der Konferenz war durch eine fast greifbare Gegenwart Gottes gesegnet, wie ich es nie zuvor erfahren hatte. Am zweiten Abend wurde für mich gebetet, und zum ersten Mal in meinem Leben ging ich durch die Kraft des Geistes zu Boden. Als ich dort auf dem Teppich lag, vergoss ich Tränen, was mich berührte. Zum ersten Mal seit 21 Jahren weinte ich wieder. Was geschah hier? Ich war zum Ausruhen zur Konferenz gekommen, aber jetzt weinte ich. Die Tränen hatten einen bestimmten Grund. Ich war betrübt über unsere Gemeinde und Landeskirche. Als ich dort auf dem Teppich lag, verstand ich, dass ein früheres prophetisches Wort zutraf. Bei einer Gebetsversammlung hatte einer unserer Mitarbeiter behauptet, Gott würde uns die Worte aus Offenbarung 3:15-20 zusprechen. Gott beschuldigte uns, lauwarm zu sein, aber versprach uns ebenso Sein Kommen.

Ich war dankbar für diese Erfahrung, denn Gott hatte mich berührt und zu mir gesprochen. Dann musste ich eine weitere Information verarbeiten. Die kleine Gemeinde, welche die Konferenz ausrichtete, war tatsächlich mit der Toronto Airport Gemeinde verbunden und dieser untergeordnet. Ich hatte nicht einmal gewusst, dass solch eine Gemeinde in Australien existiert. Aber bei der Konferenz wurde mir folgendes klar: Sobald wir unsere lutherischen Abwertungen des Toronto-Segens bekannten, ließ mich Gott in die Segensströme, die aus Toronto kamen, eintreten.

Vor dem nächsten Morgengottesdienst hatte ich eine „zufällige" Begegnung mit dem Pastor, der die Konferenz organisierte. Ich teilte ihm mit, wie unsere lutherische Versammlung am vorangegangenen Sonntag Buße über die Verurteilung des Toronto-Segens getan hatte, und wie ich in dieser Woche durch den Besuch der Konferenz schon etwas von dem empfangen hatte, was zuerst in Toronto geschehen war. Sofort lud er mich ein, dieses Zeugnis bei der Konferenz mitzuteilen. So bekam ich die Gelegenheit, noch einmal in dieser Öffentlichkeit Buße zu tun. Ich trat dort nicht als offizieller Abgesandter unserer Denomination auf, aber ich liebe unsere Kirche und sprach als einer ihrer Pastoren.

Jedoch war dies noch nicht das Ende von Gottes Fürsorge. Einen Monat später sollte Pastor Peter Steicke, ein lutherischer Kollege und Freund, ein Wochenendprogramm mit dem Namen „Das Vaterherz Gottes" in unserer Living Grace Gemeinde durchführen. Ich begann zu verstehen, dass dieses Wochenende auch etwas mit Toronto zu tun haben würde. Denn als Peter von einer Missionsreise aus Uganda zurückkam wurde für ihn in einer Gemeinde in Amsterdam, Holland, gebetet. Ein früherer Mitarbeiter der Toronto Airport Gemeinde betete für ihn, und Peter empfing eine geistliche Weitergabe des väterlichen Herzens Gottes, dem Wesentlichen beim Toronto-Segen. Als er zweimal unter der Kraft des Geistes niederfiel, erhielt er einen Download des liebenden Vaterherzens Gottes. Er sagte, Gott half ihm in einem Augenblick, alle Bibelstellen über dieses Thema zu verinnerlichen. Und diese Erfahrung führte zu dem Seminar bei uns.

So hatten wir an einem Sonntag Buße wegen unseres Widerstandes gegen die Bewegungen Gottes getan und mehr oder weniger „zufällig" auch den Toronto-Segen erwähnt. Dennoch wusste der Heilige Geist, was Er tat. Wir mussten uns demütigen und die Wahrheit anerkennen. Denn Umkehr öffnet die Tür, um mehr vom Heiligen Geist zu erhalten. Dies war für uns nicht sonderlich schwer, aber wichtig für Ihn.

Glaube

Das zweite geistliche Prinzip zur Vorbereitung auf den Empfang des Geistes besteht in dem Glauben an die Verheißungen Gottes. Die Jünger hatten dem Versprechen Jesu über die Taufe mit dem Geist zugehört und glaubten Ihm. Darum blieben sie in Jerusalem bis die Verheißung wahr wurde. Unser Handeln sollte ebenso zuversichtlich sein. Wir sollten den Worten Jesu glauben, dass wir den Heiligen Geist empfangen werden.

Aber genau hier lagen meine größten Schwierigkeiten, denn ich war weder Zuhause noch in der Kirche ausreichend über den Heiligen Geist informiert worden. Wie konnte ich an etwas mir Unbekanntes glauben? Sogar die Bibel stellt die gleiche Frage: „Wie aber sollen sie an den glauben, von dem sie nicht gehört haben?" (siehe Römer 10:14)

Als der Apostel Paulus einige Christen in Ephesus traf, erkannte er, dass sie noch nicht mit dem Geist getauft waren. Er fragte sie: „Habt ihr den Heiligen Geist empfangen, als ihr gläubig geworden seid? Sie aber sprachen zu ihm: Wir haben noch nie gehört, dass es einen Heiligen Geist gibt." (Apostelgeschichte 19:2) Ihnen mangelte es an Glauben, da sie nicht entsprechend gelehrt worden waren. Deshalb konnten sie auch nicht empfangen. In diesem Zustand befand ich mich sogar als ordinierter Pastor. Aber bei den Christen in Ephesus wurde der Mangel an Erkenntnis behoben und Glauben eingepflanzt. Der Apostel Paulus legte ihnen die Hände auf, und sie empfingen den Heiligen Geist.

Sind wir gelehrt worden und haben unseren Glauben in das Erlernte gesetzt, wissen wir, dass uns Gott antwortet. Denn Er begegnet dem Glauben. Er fordert keine weiteren Schritte von uns. Denn wir sollen das Geschenk des Geistes nicht durch unsere eigenen wohlüberlegten Anstrengungen verdienen. Der Heilige

Geist ist eine Geschenk und wird als Antwort auf Glauben gegeben. Die Bibel stellt klar, „ohne Glauben ist es unmöglich, Gott zu gefallen" (Hebräer 11:6). Aber Jesus versprach: Selbst mit „Glauben, so klein wie ein Senfkorn … wird euch nichts unmöglich sein." (Matthäus 17:20)

Glaube ist der Schlüssel, um von Gott zu empfangen. Aber auch die Kehrseite trifft zu: Unglaube blockiert Gottes Kraft. So konnte Jesus in Seiner Heimatstadt keine Wunder wirken, denn die Menschen hatten keinen Glauben.

Und er konnte dort kein Wunderwerk tun … Und er wunderte sich über ihren Unglauben. Markus 6:5+6

Auch für Martin Luther war Unglaube die Hauptsünde, da sie Gott als Lügner darstellt, dessen Verheißungen man nicht trauen kann. Luther schrieb in seinem großen Katechismus: „Wo es an diesem Glauben mangelt, kann es kein echtes Gebet geben … sie empfangen nichts."[8]

Für Gott sind die Ausübung unseres Glaubens und das Setzen unseres Vertrauens in Ihn wichtig. Er antwortet, wenn wir glauben, dass wir den Heiligen Geist in all Seiner Fülle empfangen. Ich möchte hinzufügen: Gott erwidert leidenschaftliches Gebet mit ganzem Herzen, Gefühlen und wahrem Verlangen. Ihm gefällt stürmischer Glaube, der nach Ihm hungert und dürstet, einschließlich nach der Fülle des Geistes (siehe auch Offenbarung 2:4; 3:15).

Aber Glaube schließt oftmals das Risiko ein, einen Glaubensschritt gehen zu müssen. Häufig offenbart uns Gott Seinen Willen und fordert uns dann auf, entsprechend der Offenbarung und ohne vorherige Erfolgsgarantie zu handeln. Beispielsweise kann Er uns damit beauftragen, höhere Geldausgaben in der Gemeinde zu

8 Friedemann Hebart, Martin Luther: Luther's Large Catechism, Anniversary Translation and Introductory Essay (Adelaide, Australia: Lutheran Publishing House, 1983), 162.

wagen, bevor das Geld auf der Bank ist. Die Jünger erlebten solches, als Jesus sie aufforderte, die Menschenmassen mit fünf Broten und zwei Fischen zu sättigen. Dieses sah unmöglich aus; aber als die Jünger den Glaubensschritt gingen und mit der Austeilung des Essen begannen, vermehrten sich die Brote und die Fische in ihren Händen (siehe Lukas 9:12-17; Matthäus 10:19+20).

Gott belohnt Glauben. Das kann bedeuten: Wir gehen voran im Glauben, bevor wir den Geist spüren. Sobald Gott spricht, bewegen wir uns und vertrauen darauf, dass der Geist für den gegebenen Auftrag da ist.

2010 war ich der Hauptsprecher bei einer Gemeindekonferenz auf den Fidschiinseln. Einer meiner Vorträge enthielt ein paar Zeugnisse von Gott, der Blinde heilt. Denn in den letzten Jahren war unsere Gemeinde auf dem Weg, Gott mehr Heilungen unter uns zuzutrauen, und wir hatten auch Erfolge - aber noch mehr Enttäuschungen. Deshalb strotzte ich nicht gerade mit Selbstvertrauen, wenn es um Krankenheilungen ging. Zuhause probiere ich alles aus, denn dort bin ich in meiner eigenen Heimatgemeinde. Aber in einem anderen Land ist es etwas anderes. Auf den Fidschiinseln war ich unbekannt und würde aufgrund weniger Konferenztage beurteilt werden. Es wäre nicht schön gewesen, vor meinen Gastgebern durch eine weitere Enttäuschung bloßgestellt zu sein.

Als ich die Kirche betrat, um die Predigt mit Blindenheilungen zu halten, saß ein älterer Mann mit einer dunklen Sonnenbrille und einem weißen Stock in der ersten Reihe. Bei seinem Anblick sagte ich sofort zu Gott: „Du bringst mich hier mit Absicht in Zugzwang. Dieser Mann sieht wie der klassische blinde Mann aus. Du möchtest, dass ich predige und dann auch für diesen Blinden bete." Ich stritt nicht mit Gott und beschloss, gehorsam zu sein.

Nach der Predigt wollte ich nicht sofort für den Mann beten, sondern lud all jene mit Augenproblemen zum Gebet nach vorne ein. Etwa zehn Personen kamen, aber nicht der blinde Mann.

Stattdessen setzte er seine Sonnenbrille ab und ging ohne seinen Stock und gut sehend aus dem Seitenausgang hinaus. Ich bin sicher, Gott hatte Seinen Spaß, aber erst später konnte ich Gottes Humor schätzen.

Da die ganze Versammlung zuschaute, betete ich nicht lange für jede Person. Mit meinen Daumen berührte ich die Augen der Personen in der Gebetsreihe. Dann kam der Moment, vor dem ich mich fürchtete. Ich musste fragen, ob es irgendeine Verbesserung gab und wäre beschämt gewesen, wenn sich niemand gemeldet hätte. Aber zu meiner Überraschung hoben etwa sieben Personen ihre Hand und behaupteten, Heilung empfangen zu haben. Ich fragte den ersten Mann, was ihm geschehen sei. Er sagte, er sei auf dem linken Auge blind gewesen, aber jetzt könne er sehen. Zuerst dachte ich, ich hätte den Übersetzer missverstanden, denn dieser Mann zeigte bei seiner Mitteilung kaum Emotionen. Jede Heilung von Blindheit würde doch sicherlich größere Begeisterung auslösen. Doch mein Übersetzer und der Hauptpastor bestätigten seine Aussage. Er kam mit einem blinden Auge in den Gottesdienst, aber Jesus heilte ihn.

Ich strahlte vor Freude, denn die anderen Zeugnisse waren ebenso ermutigend. So konnte eine Frau nicht mehr ihre Bibel lesen, denn mit dem Alter verschwamm ihre Sicht immer mehr, und alles war unscharf geworden. Aber in diesem Gottesdienst hatte Jesus sie geheilt, und sie konnte wieder lesen. Bei meiner Rückkehr nach Australien teilte ich diese Zeugnisse in unserer Gemeinde mit. Auch bei uns gab es eine ältere Frau, die von Kurzsichtigkeit geheilt wurde und ihre Brille ablegte. Die Heilungen bei diesem Gottesdienst auf den Fidschi-Inseln waren fantastisch. Doch es brauchte Glaubensmut, um vor Fremden für die Augenheilungen zu beten. Gott hatte mich herausgefordert, und dann war ein Glaubensschritt notwendig gewesen, bevor der Heilige Geist Sein Heilungswerk tat. Glaube ist ein wichtiger Schlüssel zur Freisetzung des Geistes.

Gebet

Die dritte geistliche Regel zur Vorbereitung auf den Empfang des Geistes ist, Zeit im Gebet zu verbringen. Jesus ermutigte uns zum Durchhalten, bis der Durchbruch durch das Kommen des Geistes geschehen würde:

> **Bittet, und es wird euch gegeben werden; sucht, und ihr werdet finden; klopft an, und es wird euch geöffnet werden! Denn jeder Bittende empfängt, und der Suchende findet, und dem Anklopfenden wird geöffnet werden. Wen von euch, der Vater ist, wird der Sohn um einen Fisch bitten – und wird er ihm statt des Fisches etwa eine Schlange geben? Oder auch, wenn er um ein Ei bäte – er wird ihm doch nicht einen Skorpion geben? Wenn nun ihr, die ihr böse seid, euren Kindern gute Gaben zu geben wisst, wie viel mehr wird der Vater, der vom Himmel gibt, den Heiligen Geist geben denen, die ihn bitten!** Lukas 11:9-13

Manchmal werden unsere Gebete nicht sofort beantwortet. Aber wenn wir bitten, suchen und anklopfen, können wir sicher sein, dass uns der Heilige Geist gegeben wird. Jeder wird die Güte von Gott, dem Vater, empfangen und erleben. Denn Er ist so viel besser als irdische Väter.

Auch Jesus betete, als Er mit dem Geist getauft worden war, und das Gleiche traf wahrscheinlich auch am Pfingsttag auf Seine Jünger zu. Als sie zusammen ausharrten, kam der Heilige Geist auf sie:

> **... und Jesus getauft war und betete, dass der Himmel geöffnet wurde und der Heilige Geist in leiblicher Gestalt wie eine Taube auf ihn herabstieg ...** Lukas 3:21+22

> **Und als der Tag des Pfingstfestes erfüllt war, waren sie alle an einem Ort beisammen. Und plötzlich ... wurden alle mit Heiligem Geist erfüllt ...** Apostelgeschichte 2:1-4

Jesu Lehre über Gebet ist nicht kompliziert. Doch während meiner Erziehung und meines frühen Dienstes als ordinierter Pastor hatte ich niemals um den Heiligen Geist gebetet oder von einer anderen Person das Gebet vernommen, der Heilige Geist möge auf Menschen ausgegossen werden. Aber dies hat sich geändert, und heute verbinde ich mich mit anderen im Gebet um den Heiligen Geist. Ich bitte Jesus: „Herr, bitte fülle mich erneut mit dem Heiligen Geist."

Wir werden zum Beten aufgefordert. Dies können wir mit großer Leidenschaft tun, was die Disziplin des Fastens einschließt. Jesus setzte unser gelegentliches Fasten vom Essen und falschen Prioritäten voraus (siehe Matthäus 6:16). Wenn wir uns bewusst auf Entsagungen einlassen, können wir unsere Vorlieben überprüfen, uns völlig auf Gott fokussieren und leidenschaftlich nach dem Heiligen Geist suchen.

Eine weitere gute Disziplin besteht darin, in Einheit mit anderen Christen zu beten. Gebete, in Einheit gesprochen, bewirken besonders viel:

> **Wiederum sage ich euch: Wenn zwei von euch auf der Erde übereinkommen, irgendeine Sache zu erbitten, so wird sie ihnen werden von meinem Vater, der in den Himmeln ist.** Matthäus 18:19

Der Heilige Geist wird von der Einheit unter Christen angezogen. Denn Er ist nicht nur unser individueller Besitz, sondern auch Gottes Gabe an die Gemeinde als Gemeinschaft der Christen. Die Bibel bezeichnet auch die gesamte Gemeinde als Tempel des Heiligen Geistes. Dieser gemeinschaftliche Aspekt Seiner Gegenwart drückt sich auch in den Geistesgaben aus, mit denen wir uns gegenseitig dienen sollen.

> **Wisst ihr nicht, dass ihr** [die gesamte Gemeinde in Korinth] **Gottes Tempel** [sein Heiligtum] **seid und der Geist Gottes in euch wohnt** [in Euch Zuhause ist, gemeinschaftlich als Gemeinde und ebenso bei jedem Einzelnen]? 1. Korinther 3:16

In einem jeden offenbart sich der Geist zum Nutzen aller.
1. Korinther 12:7 (Luther)

Gemeinsames Gebet bewirkt viel, denn der Heilige Geist möchte nicht nur in einzelnen Personen wohnen, sondern in der Gemeinschaft von Christen zum gegenseitigen Dienst und zur vereinten Mission. Beten wir zusammen, kommt der Geist.

Übertragung des Geistes

Das vierte Prinzip zum Empfang des Heiligen Geistes hat mit Übertragung des Geistes zu tun. Scheinbar kann der Heilige Geist von einer Person zur nächsten weitergegeben werden, meistens durch Handauflegung. Das erstmalige Eintauchen in den Geist kann auf diese Weise geschehen. Ebenso kann man geistliche Gaben durch Handauflegung weiterreichen.

Da legten sie die Hände auf sie und sie empfingen den Heiligen Geist. … der Geist gegeben wurde, wenn die Apostel die Hände auflegten …
Apostelgeschichte 8:17+18; siehe auch 19:6

Denn mich verlangt danach, euch zu sehen, damit ich euch etwas mitteile an geistlicher Gabe … Römer 1:11; siehe auch 2. Timotheus 1:6

Einander mit dem Heiligen Geist zu dienen, ist ein großes Privileg. Arbeiten wir mit Ihm zusammen und legen im Gehorsam unsere Hände auf andere, kommt Er auf die Menschen und setzt Seine Gaben frei.

Doch in der Vergangenheit hatte ich mich dagegen gestellt, denn ich wollte von keinem anderen abhängig sein. Warum sollte ich besondere Menschen aufsuchen müssen und empfangen, was Gott ihnen gegeben hatte? Ich wollte nicht als Trittbrettfahrer bei der Salbung eines anderen mitfahren. Aber Gott befasste sich mit meinem Stolz, und jetzt versuche ich, der erste in der Reihe zu sein, wenn es um eine Übertragung des Heiligen Geistes geht.

Im Laufe der Zeit hat Gott dafür gesorgt, dass viele Menschen mit Handauflegung für mich beteten. Aber am meisten schätzte ich die Weitergabe der amerikanischen Missionarin Heidi Baker. Ich hatte ihre Predigten im Internet beobachtet und gehört. Über ein Jahr empfing ich von ihr, indem ich mich in eine Konferenzaufnahme nach der anderen vertiefte. Es gab Lehren über Heilungen und Wunder; aber vor allem wollte ich mich so wie sie in Gott verlieben. Sie predigte aus einer mir unbekannten Tiefe. Während vieler wunderbarer Stunden durfte ich etwas Neues von Gott berühren, ausgelöst durch ihre Predigten vor dem Computerbildschirm.

2010 erfuhr ich, dass Heidi und ihr Ehemann zu einer Konferenz an die Goldküste kommen würden. Ich ließ mich als erster registrieren und fürchtete ein wenig, dass meine Frau und älteste Tochter keine Tickets mehr bekommen könnten. Meine Familie und meine Gemeinde kannten meine Begeisterung und neckten mich damit. Meine Tochter schlug vor, ich sollte einen Fan-Brief schreiben. Aber das störte mich nicht. Mein Interesse lag nicht so sehr an dem Lehrinhalt der Konferenz, denn ich hatte schon so viel von ihr gehört und gelesen. Mehr als alles andere wollte ich, dass Heidi für mich betete. Ich verlangte nach einer Weitergabe und fastete deshalb zwei Tage vor der Konferenz.

Die erste Lehreinheit fand an einem Mittwochabend statt. Aber es wurde angekündigt, dass Heidi nicht vor Freitagabend sprechen würde. Zwei weitere Tage des Wartens waren schwierig. Am Freitagnachmittag musste ich unsere älteste Tochter Dominique um 17.30 Uhr vom Bus abholen. Die Fahrt zum Konferenzzentrum, wo der Gottesdienst auf 19 Uhr festgesetzt war, sollte eine halbe Stunde dauern. Ich freute mich auf Heidis erste Predigt. Aber während wir auf Dominique warteten, rief sie uns wegen einer Reifenpanne ihres Busses an. Deshalb könnte sie erst 1½ Stunden später, um 19 Uhr ankommen. Zu dieser Zeit sollte die erste Predigt von Heidi Baker beginnen.

Ich war gestresst, und meine Frau bemühte sich, meine Nerven zu beruhigen. Dominique kam um 19 Uhr an, und ohne sie willkommen zu heißen, trieb ich sie zum Auto, unterdrückte jede Unterhaltung und konzentrierte mich darauf, mich auf dem Weg zum Veranstaltungszentrum nicht zu verfahren. Am Eingang wartete ein Freund aus unserer Gemeinde. Ich hatte keine Zeit für irgendeine Begrüßung. So führten er und andere mich schnell an einen guten Platz. Die Anbetung war noch nicht zu Ende und Heidi stand etwa zwei Meter von mir entfernt und betete an.

Nachdem Heidi gepredigt hatte, sollte auch für Pastoren gebetet werden. Andere Gruppen waren schon aufgerufen worden und besetzten einen erheblichen Teil der großen Bühne, aber es gab immer noch Platz vor Heidi. Ich war schnell und kühn und schaffte es, als erster Pastor direkt vor ihr niederzuknien. Aber sie forderte die Gläubigen unter 25 Jahren auf, für die Pastoren zu beten, und betete dann selbst für den Pastor neben mir.

Eine junge Frau betete für mich. Laut ihrem prophetischen Wort sollte ich meine Bedrückung aussprechen, um dadurch Entlastung zu erfahren. Aber ihre Prophetie schien am Ziel vorbeizugehen. Gewöhnlich bin ich geduldig, wenn Menschen geistliche Gaben ausprobieren. Da sich Heidi aber in meiner unmittelbaren Nähe befand, war meine Verfassung nicht auf Gelassenheit programmiert. Dennoch beharrte die junge Frau auf ihrem prophetischen Wort, und der ganze Vorgang begann, an meinen Nerven zu zerren.

Hinter mir betete ein junger Mann für mich und stieß mir dabei immerzu in den Rücken. Zu meiner linken Seite wurden andere Pastoren von lautem Lachen überwältigt. Sie rollten umher und hielten sich den Bauch. Immer wieder prallten sie mit vollem Körpergewicht gegen mich. Ich schaute sie an und dachte, dies sei überhaupt nicht, was ich wollte. Heidi ist mit einer Geistesvollmacht für Nationen gefüllt. Warum sollte irgendjemand mit einer „Kitzel-Salbung" zufrieden sein.

Im Allgemeinen bin ich nicht so leicht genervt, aber die Frau vor mir sprach weiter über meine „Last". Der junge Mann hinter mir drückte mir fortwährend in den Rücken, und die Pastoren zu meiner Linken rempelten mich immer wieder an. Alles verlief nicht in meinem Sinne, und ich erkannte, dass sich Heidi in eine andere Richtung bewegte. Weitere Pastoren standen hinter mir, und ich sah keinen Grund, auf der Bühne zu bleiben. Auf dem Weg zu meinem Platz kämpfte ich mit Enttäuschung. Offensichtlich hatte Gott nicht Heidis Gebet für mich gewollt. Ich erinnerte mich daran, dass Gott immer gut ist und versuchte, das Erlebte zu verarbeiteten. Zumindest konnte ich mir keine Vorwürfe wegen fehlender Kühnheit und Initiative machen. Ich hatte alles menschlich Mögliche getan, aber es war mir nicht bestimmt gewesen.

Bevor ich die Bühne verließ traf ich unseren Evangelisten David Challenor und teilte ihm kurz meine Enttäuschung mit. Er fragte mich, ob ich diesbezüglich gebetet hatte, was ich ihm versicherte.

Das Nächste, was ich wahrnahm, war Heidi, die über die Bühne ging und auf mich zukam. David hatte sie gefragt, ob sie für seinen Pastor beten würde. Heidi hatte zugestimmt und folgte David über die ganze, mit Menschen überfüllte Bühne, die alle Gebet von ihr wünschten.

Ich konnte das Geschehen gar nicht richtig glauben. Mit wenigen Worten erklärte ich Heidi, dass ich ein lutherischer Pastor war und ihre Predigten meinen Werdegang mit bestimmt hatten. Sie umarmte mich und gab mir ihre ganze liebevolle Aufmerksamkeit. Sie fragte mich nach meiner Frau Tatjana, und ich winkte ihr und meiner Tochter zu, damit die beiden dabei sein konnten. Heidi umarmte sie ebenso, und dann knieten wir uns gegenüber hin.

Heidi betete und prophezeite etwa 15 Minuten lang, ohne andere wahrzunehmen. Sie betete intensiv für den Dienst in der lutherischen Glaubensfamilie. Nach einiger Zeit bewegte sich der Heilige Geist in mir, ich begann zu schluchzen und mein ganzer Körper zitterte.

Heidis Gebet griff meine anhaltende Herzensliebe für die lutherische Kirchengemeinschaft auf. Obwohl ich frei war, in jeder Umgebung dienen zu können, hat mein Herz eine Schwäche für die Millionen von Lutheraner, die immer noch nicht von dem „mehr in Gott" wissen. Heidi betete anhaltend dafür, den Lutheranern „frisches Brot" und „neuen Wein" zu bringen, und übermittelte uns die prophetische Vision von einer Ernte.

Nach dem Gebet umarmte Heidi Dominique lange und küsste sie auf die Stirn. Dominique sagte ihr: „Mein Vater ist so voll Freude, dir zu begegnen." Heidi antwortete: „Und ich begegne ihm mit Freude."

Während der ganzen Gebetszeit hatten sich alle anwesenden Mitglieder der Living Grace Gemeinde um uns versammelt und ebenfalls ihre Hände auf uns gelegt. Als Heidi fertig war, bat sie um unser Gebet. Sie hatte es überhaupt nicht eilig. Schließlich kam ihr persönlicher Mitarbeiter und erinnerte sie daran, dass sie uns verlassen musste.

Der ganze Ablauf war „wundervoll", denn es geschah so viel mehr, als ich gehofft hatte. Als ich alles in meiner Macht liegende getan und versagt hatte, bewegte sich Gott in Seiner Macht. Ich hatte mir eine Übertragung von Geistesvollmacht gewünscht und dann mehr als jeder andere bei der Konferenz empfangen. Tatjana wurde durch Heidis Gebet von einem verwundeten Herzen geheilt. Die Jahre im Dienst waren hart gewesen, und sie hatte einen Preis bezahlt. Aber nach dem Gebet war sie eine neue Frau, und jeder konnte es erkennen.

Sei ermutigt, den Heiligen Geist durch das Gebet anderer und durch Handauflegung zu empfangen. Wir können einander in der Gemeinschaft der Gemeinde dienen, welche der Tempel des Geistes ist.

Warten

Der fünfte geistliche Grundsatz zur Vorbereitung auf den Empfang des Geistes ist einfach zu warten. Jesus beauftragte Seine ersten Jünger in der Stadt Jerusalem zu bleiben, bis der Heilige Geist auf sie ausgegossen wird (siehe Lukas 24:49; Apostelgeschichte 1:4+5). Es gab eine Verzögerung, aber nach einigen Tagen empfingen die wartenden Jünger den verheißenen Heiligen Geist. Schon bald nach dem erstmaligen Ausgießen des Geistes wurden die Neubekehrten in Samaria mit einem weiteren Verzug konfrontiert. Erst nachdem Petrus und Johannes aus Jerusalem gekommen und für sie gebetet hatten, wurden sie mit dem Geist getauft. Manchmal entsteht aus irgendeinem Grund eine Wartezeit vor dem Kommen des Heiligen Geistes.

Eine Frau aus unserer Gemeinde ging zwei Jahre lang von einem Heilig-Geist-Seminar zum nächsten und erlebte keinen Durchbruch. Schon beim ersten Seminar empfing sie die Gabe der Zungenrede, konnte aber einfach nicht Gottes Liebe für sich spüren. Sie war am Boden zerstört. Aber zwei Jahre später fühlte sie sich das erste Mal in Gottes Liebe eingetaucht und sagte: „Es ist, als würde man ein schwarzweißes Foto in ein farbiges eintauschen." Warum gab es eine Zeitverzögerung bei der Erfüllung mit dem Geist? In ihrem Fall glaube ich, dass sie schon früh mit dem Geist getauft worden war; deshalb versicherte ich ihr, sie könnte die Gabe einfach im Glauben annehmen. Ihre Erfahrung war nicht von ihren Gefühlen abhängig. Nach meiner Einschätzung hatte sie ein generelles Problem, irgendjemandem zu vertrauen und sich zu öffnen. Eine innere Verletzung machte es ihr schwer, offen zu sein – sogar bezogen auf Gott. Dies beeinträchtigte ihre emotionale Freiheit und erlaubte ihr nicht, die Liebe Gottes zu empfinden.

Meines Erachtens zeigt dieser Fall mögliche Zeitverzögerungen aufgrund persönlicher Probleme, welche die Freude an der Fülle des Geistes verhindern. Die inneren Verletzungen dieses Gemeindemitgliedes brauchten Heilung. Auch manifestierte sich an einem Sonntag ein Dämon in ihr und wurde ausgetrieben. Andere Menschen müssen nicht mit inneren Verletzungen kämpfen, verharren aber in verborgenen Sünden. Auch diese dämpfen die Handlungen des Geistes in ihnen. Aber, um es klarzustellen, die ersten Jünger in Jerusalem und Samaria erlebten Zeitverzögerungen, die nichts mit ihnen selbst zu tun hatten. Sie sollten einfach auf den Geist und das erste Eintauchen in den Geist warten, weil Gott die Wartezeit bestimmt hatte.

Ebenso ging es einem Pastor, der unbedingt mit dem Geist getauft werden wollte. Er streckte sich eifrig nach dieser Erfahrung aus, betete viel, studierte die Bibel und las Bücher. Dennoch gab es keinen Durchbruch. Zwei Jahre später traf er „zufällig" einen Missionar und nach einem kurzen Gebet brach spontaner Lobpreis aus ihm heraus. Er hatte ein Gefühl, als würden elektrische Wellen durch seinen Körper laufen und war überwältigt von Gottes Liebe. In seinem Fall war kein Mangel an ihm. Gott hatte bestimmt, ihn auf den Geist warten zu lassen.[9]

Aber warum sollte Gott jemanden auf den Geist warten lassen? Warum werden manche mit dem Geist getauft, wenn sie nicht einmal diese Erfahrung suchen, während sich andere verzweifelt

9 Charles Ringma, „The Disquieting Presence of the Spirit," Church on Fire, Geoff Waugh, ed. (Melbourne, Australia: JBCE, 1991), 41-42.

danach ausstrecken und unerfüllt nach Hause gehen? Einige legen nahe, die Wartezeit sei gut für die Charakterbildung und begegne ebenso dem menschlichen Stolz. So wir denn alles auf den Glauben setzen, werden unser Begehren und unsere Hingabe einer Prüfung unterzogen. Der vollständige Mangel an Kontrolle demütigt uns. Wir lernen, Gott zu vertrauen, keinen Anstoß zu nehmen und uns nicht gegen Ihn zu wenden.

Darüber hinaus lehrte Jesus Seine Jünger, bevor sie mit dem Heiligen Geist getauft wurden. Das Kommen des Heiligen Geistes kann jeden Verstand herausfordern. Er kann Zeichen, Wunder, Heilungen und übergroße Freude mit sich bringen. Das kann jeden durcheinander bringen. So kann die Wartezeit eine gute Vorbereitung sein, um Einsichten in das Wort Gottes zu bekommen. Ebenso dient sie zum Aufbau einer festen Grundlage, um dann mit der Kraft des Geistes umgehen zu können.

Während wir warten, müssen wir unsere Haltung unbedingt im Blick behalten. Es gibt keinen Grund, mutlos zu werden, oder die Gabe des Geistes anzuzweifeln. Wir müssen uns nicht selbst schlecht machen und als minderwertige Christen bezeichnen, die einfach nicht würdig genug sind, die Taufe mit dem Geist zu empfangen. Niemand kann den Geist verdienen oder als Belohnung für persönliche Rechtschaffenheit fordern. Denn keiner kann sich jemals an Gottes Standard der vollkommenen Heiligkeit messen. Es ist allein Gottes Güte zuzuschreiben, dass wir die Fülle des Geistes erhalten. Und gemäß Seiner Verheißung wird jeder empfangen.

Das führt zu einer praktischen Ermutigung: Wir beten weiter um den Geist und nehmen auch künftig Gebet für die Erfüllung mit dem Geist an. Wir geben niemals auf, was die Gelegenheiten für Gebet betrifft. Der verheißene Durchbruch wird zur rechten Zeit kommen.

Zwei abschließende Hinweise

Wie kann man wissen, ob man (erstmalig oder erneut) mit dem Heiligen Geist erfüllt wurde? Das ist leicht zu beantworten, wenn jemand in Sprachen redet, prophezeit, unaussprechliche Freude und Liebe fühlt, ein Kribbeln im ganzen Körper spürt und andere körperliche Manifestationen erlebt. Aber nicht jeder ist emotional oder körperlich beeinflusst. Die Frau eines Pastors mit einer erstaunlichen Heilungsgabe fühlt niemals etwas, wenn sie für Heilung betet. Sie übt ganz einfach ihren Glauben aus und betet im Gehorsam. Trotzdem ist das Ergebnis unbestreitbar. Die Kranken werden gesund.

In deinem eigenen Leben kannst du überprüfen, ob der Heilige Geist irgendeine Frucht wie Liebe, Freude, Geduld, Frieden, Freundlichkeit, Güte, Treue, Sanftmut und Selbstbeherrschung (siehe Galater 5:22+23) hervorgebracht hat. Diese Art Frucht kommt nicht immer mit übermäßigen Ausbrüchen hervor. Sie kann aber beständigere Gefühle wie Liebe, Freude und Frieden hinterlassen. Auch kannst du überprüfen, ob du spürst, wie der Heilige Geist mit dir spricht. Denn „welche vom Geist Gottes geleitet werden, sind Söhne Gottes" (Römer 8:14), und „der Geist selbst bezeugt zusammen mit unserem Geist, dass wir Kinder Gottes sind." (Römer 8:16) Erkennst du nicht viel Frucht und bist nicht sicher, dass dich der Geist führt, besteht die Möglichkeit, dass du eine größere Erfüllung mit dem Geist erwarten kannst. Vielleicht wird es dein erstes Mal sein.

Es gibt noch eine weitere Frage. Kann es sein, dass in manchen Fällen die Taufe mit dem Geist nicht nur ein großes maßgebliches Ereignis ist, sondern allmählich mit der Zeit passiert? Die meisten Angehörigen unserer Gemeinde können die Zeit und das Datum ihrer Geistestaufe genau bestimmen, aber bei mir trifft dies nicht zu. In meinem Leben gab es eine längere Zeit der Erneuerung und des Gefülltwerdens mit dem Geist. Soweit ich weiß, wurde Seine Fülle nicht während eines Durchbruchsereignisses ausgeschüttet. Das ist auch die Erfahrung von Kindern, die als Christen aufwachsen. Viele scheinen so in der Fülle des Geistes zu wachsen, wie sie an Reife zunehmen.

Jesu wunderbare Verheißung lautet: Jeder, der den Vater darum bittet, empfängt den Geist. In diesem Kapitel wurden fünf geistliche Prinzipien aufgezählt, die uns vorbereiten, den Heiligen Geist so zu empfangen, wie es Gott für uns vorgesehen hat. Diese fünf Schlüssel für die Taufe mit dem Geist haben mit 1) Buße, 2) Glauben, 3) Gebet, 4) Übertragung des Geistes und 5) Warten zu tun.

4
Wirst du Ihm dennoch dienen?

Der Heilige Geist und Leiden

Jesus war „voll des Heiligen Geistes" (Lukas 4:1). Und er teilte jedem mit: „Der Geist des Herrn ist auf mir" (Lukas 4:18). Petrus, einer der Jünger, der die meisten Seiner Werke bezeugen konnte, sagte später über Jesus:

> **... kennt ihr; die Sache, die, angefangen von Galiläa, durch ganz Judäa hin geschehen ist, nach der Taufe, die Johannes predigte: Jesus von Nazareth, wie Gott ihn mit Heiligem Geist und mit Kraft gesalbt hat, der umherging und wohltat und alle heilte, die von dem Teufel überwältigt waren, denn Gott war mit ihm.** Apostelgeschichte 10:37+38

An Jesus war absolut nichts verkehrt. Im Gegenteil, Er zeigte, was es bedeutet, mit dem Geist und mit Kraft gesalbt zu sein. Er bezeugte, wie man voll des Geistes sein kann und Großartiges wirkt.

Nur eine wichtige Einzelheit Seines Lebens scheint nicht ins Bild zu passen – Er litt und starb. Wie war dies möglich? Wie kann es in der Gegenwart so großer geistlicher Kraft Schwäche, zerbrochene Knochen, Tränen und Blut, Ablehnung und Verspottung, sogar Folter und Tod geben? Es war schon schlimm genug, dass Jesus aus armen Verhältnissen vom Land war, der nicht von der Regierungselite anerkannt wurde. Aber Seine grausame Hinrichtung am Kreuz erwies sich als zu viel für Seine Jünger. Sie konnten es nicht verkraften. Wie kann ein Mensch voll des Geistes sein und doch so versagen?

Als Jesus von den Toten auferstand, nahm Er diese Frage in Angriff und bemühte sich sehr, zu erklären, dass selbst der Christus, der mit dem Geist getauft wurde, leiden und sterben musste. Das hatte Er schon zuvor den Jüngern verdeutlicht, deshalb wurde Er jetzt leicht ungehalten mit ihnen und wies sie mit folgenden ungeduldigen Worten zurecht:

> **Ihr Unverständigen und im Herzen zu träge, an alles zu glauben, was die Propheten geredet haben! Musste nicht der Christus dies leiden und in seine Herrlichkeit hineingehen?** Lukas 24:25+26

Warum musste Jesus leiden? War das wirklich notwendig? Wahrscheinlich können Christen im Allgemeinen kaum glauben, dass es tatsächlich eine Verbindung zwischen geistlicher Kraft auf der einen Seite und Leiden und Tod auf der anderen Seite gibt. Dennoch waren es Jesu Schmerzen und Tod, die ihn würdig machten, um sogar noch mehr Macht als zuvor zu empfangen:

> **Du bist würdig, das Buch zu nehmen und seine Siegel zu öffnen; denn du bist geschlachtet worden und hast durch dein Blut Menschen für Gott erkauft aus jedem Stamm und jeder Sprache und jedem Volk und jeder Nation.** Offenbarung 5:9

Das Problem mit der Vollmacht

Bevor wir uns wieder Jesu Erfahrungen zuwenden, werden wir die Verbindung zwischen geistlicher Kraft und Leiden aus einem weiteren Blickwinkel angehen. Der Apostel Paulus schrieb zu einer seiner Gemeinden, sie seien voll des Geistes und verfügten über alle geistliche Kraft. Dies versicherte er ihnen mit diesen Worten: „Ihr habt an keiner Gnadengabe Mangel." (1. Korinther 1:7) Dennoch konfrontierte Paulus sie fast im gleichen Atemzug mit schwerwiegenden Mängeln in ihrem christlichen Leben.

Und ich, Brüder, konnte nicht zu euch reden als zu Geistlichen, sondern als zu Fleischlichen, als zu Unmündigen in Christus ... Denn wo Eifersucht und Streit unter euch ist, seid ihr da nicht fleischlich ...
1. Korinther 3:1-3

Außer Eifersucht und Streit zeigte Paulus noch weitere Makel bei ihrer Nachfolge auf und tadelte sie aufgrund des moralischen Versagens, das nicht mit dem *Heiligen* Geist vereinbar ist. Die Korinther mussten Gemeindespaltungen, Inzest, den Umgang mit sexuell unreinen Christen, Rechtstreitigkeiten innerhalb der Gemeinde, Ablehnung der Auferstehung, Stolz und Prahlerei eingestehen (siehe 1. Korinther 3:1-9; 5:1-11; 6:1-8; 11:1-24; 15:12-19).

Trotz dieser langen Aufzählung schändlichen Benehmens hielt Paulus erstaunlicher Weise daran fest, dass diese Christen keinen Mangel an irgendwelchen geistlichen Gaben hätten. Laut ihm, wurden in dieser Gemeinde alle geistlichen Gaben weiterhin ausgeübt, mit dem fragwürdigen Ergebnis, dass es inmitten von Sünde das Erlebnis von übernatürlicher Weisheit, Glauben, Heilungen, Wunder, Prophetie, Unterscheidung der Geister und Zungenrede gab. Dies muss für viele Christen verwirrend gewesen sein. Wie kann der Geist innerhalb dieser sündigen Zustände gedeihen? Bringt dies geistliche Gaben nicht in Verruf? Paulus war sich dieses Problems wohl bewusst. Deshalb bat er die Korinther, geistliche Gaben immer mit Liebe zu verbinden:

Wenn ich in den Sprachen der Menschen und der Engel rede, aber keine Liebe habe, so bin ich ein tönendes Erz geworden oder eine schallende Zimbel. Und wenn ich Weissagung habe und alle Geheimnisse und alle Erkenntnis weiß, und wenn ich allen Glauben habe, so dass ich Berge versetze, aber keine Liebe habe, so bin ich nichts. Und wenn ich alle meine Habe zur Speisung der Armen austeile und wenn ich meinen Leib hingebe, damit ich Ruhm gewinne, aber keine Liebe habe, so nützt es mir nichts. 1. Korinther 13:1-3

Dies scheint das Problem gewesen zu sein. Die Korinther mögen in den Zungen der Engel gesprochen und Geheimnisse und Erkenntnisse durch die Gabe der Prophetie ergründet haben. Sie mögen andere großartige Heldentaten in der Kraft des Geistes vollbracht haben, aber ohne Liebe war dies für keinen anziehend. Darüber hinaus war die Ausübung aller geistlichen Gaben ohne Liebe kein Gewinn für sie, und in Gottes Augen gilt es nichts.

Der Apostel Paulus bot ihnen Korrektur an. Kraft ohne Liebe ist keine Option, sondern selbstbezogen und stolz. Gott beabsichtigte schon immer, dass Seine Kraft der Liebte dient, und Er veranschaulichte dies an Jesus, der kam, um die Verlorenen zu suchen und zu retten. Aber das Problem ist auch unseres. Heutige Christen ähneln oftmals den Korinthern in ihrem ärgsten Treiben, denn Kraft verdirbt eine Person leicht, und manchmal wird viel Macht sogar Neubekehrten gegeben. Weil die Taufe mit dem Geist nicht mit Reife verbunden ist, kann jeder auch kürzlich Bekehrte die Kraft des Geistes erlangen und dann prophezeien oder andere mächtige Taten in Gottes Namen vollbringen (siehe Apostelgeschichte 19:6). Wie soll diese ungeheure Kraft einen neuen Gläubigen nicht verderben? Darin besteht das Problem.

Verletzungen von Anbeginn

Häufig begegnet Gott dem Problem der zu großen Vollmacht mit einer Prise Bedrängnis, um den Charakter zu formen, und dies bestimmt das christliche Leben von Anfang an. Wenn eine Person zum Glauben kommt und die Kraft der Errettung erfährt, stellt sich ebenso Bedrängnis ein. Nachdem Jesus in den Himmel aufgestiegen war, wurden die Anwesenden mit folgender ersten Botschaft des Apostel Petrus konfrontiert:

Männer von Israel, hört diese Worte: Jesus, den Nazoräer, einen Mann, der von Gott euch gegenüber erwiesen worden ist durch

Machttaten und Wunder und Zeichen, die Gott durch ihn in eurer Mitte tat, wie ihr selbst wisst – diesen Mann, der nach dem bestimmten Ratschluss und nach Vorkenntnis Gottes hingegeben worden ist, habt ihr durch die Hand von Gesetzlosen an das Kreuz geschlagen und umgebracht. Den hat Gott auferweckt, nachdem er die Wehen des Todes aufgelöst hatte, wie es denn nicht möglich war, dass er von ihm behalten würde. Das ganze Haus Israel wisse nun zuverlässig, dass Gott ihn sowohl zum Herrn als auch zum Christus gemacht hat, diesen Jesus, den ihr gekreuzigt habt. Apostelgeschichte 2:22-36

Die Botschaft übte Druck auf die Versammlung aus. Den Menschen wurde ihre Blutschuld und Rebellion gegen Gott vorgeworfen. Sie hatten Jesus gekreuzigt, obwohl sie Zeugen Seiner Zeichen, Wunder und Machttaten waren, mit denen Gott Jesus vor den Menschen auswies. Wie von den geisterfüllten Jüngern verkündet, hatte Gott Jesus von den Toten auferweckt und jetzt zu ihrem Herrn und Messias gemacht. Sie mussten ihre Taten neu bedenken. Würden sie jetzt den Einen annehmen, den sie am Kreuz ermordet hatten?

Diese Predigt war nicht leicht verdaulich, aber die Menge wurde überführt. Denn nun fühlten sie sich schlecht wegen dem Geschehenen und ihrer Untat. Die Wahrheit schmerzte. Gemäß der Bibel „drang es ihnen durchs Herz" (Apostelgeschichte 2:37).

Diese Betroffenheit, die durchs Herz ging, war nicht angenehm. Dennoch erwartet jeden neuen Gläubigen bei seiner Bekehrung diese Art Leiden. Werden die Augen einer Person geöffnet und sie erkennt die Wahrheit, ist der Schmerz und das Weinen über die Sünde groß. Zu erkennen, unsere menschlichen Errungenschaften gelten vor Gott nichts, und wir sind für unsere Vergebung vollkommen vom Blut Jesu abhängig, tut weh. Das demütigt und macht uns hilflos. Bei unserer Bekehrung wird unser Stolz beschnitten, und wir leiden beim Prozess der Buße. Doch bringt uns dies die Kraft der Errettung und ewige Freude.

John Bunyan, Pastor und Autor, legt auf diesen Punkt in einem seiner Bücher besonderen Wert: „Die Bekehrung ist kein glatter und einfacher Prozess, wie manche Menschen denken … Sie schlägt natürlich Wunden, das Brechen der Herzen, aber ohne Wunden gibt es kein Heil …"[10]

Direkt zu Beginn unseres christlichen Glaubens hielt Gott es für angemessen, die Kraft des Heils mit einer leidvollen Herzensbetroffenheit zu bändigen. Von Anfang an beobachten wir die Dynamik, dass Gott Leiden benutzt, um uns in die Demut zu führen, damit wir bereit sind für die Freisetzung Seiner Kraft.

Ablauf des Leidens

Der Apostel Paulus erfuhr an sich selbst den Zusammenhang zwischen großer Kraft und intensivem Leiden. Er erklärte die Verbindung wie folgt:

> **Darum, damit ich mich nicht überhebe, wurde mir ein Dorn für das Fleisch gegeben, ein Engel Satans, dass er mich mit Fäusten schlage, damit ich mich nicht überhebe.** Um dessentwillen habe ich dreimal den Herrn angerufen, dass er von mir ablassen möge. Und er hat zu mir gesagt: **Meine Gnade genügt dir, denn meine Kraft kommt in Schwachheit zur Vollendung.** Sehr gerne will ich mich nun vielmehr meiner Schwachheiten rühmen, damit die Kraft Christi bei mir wohne. Deshalb habe ich Wohlgefallen an Schwachheiten, an Misshandlungen, an Nöten, an Verfolgungen, an Ängsten um Christi willen; **denn wenn ich schwach bin, dann bin ich stark.**
>
> 2. Korinther 12:7-10

10 John Bunyan, *The Excellency of a Broken Heart*, zitiert in John Piper, *Tested by Fire* (Leicester, England: Inter-Varsity Press, 2001), 65.

Als er die Gegebenheiten verstand, konnte der Apostel Paulus seinen „Dorn im Fleisch" ertragen, denn dieser hielt ihn von „Überheblichkeit" fern. Paulus brauchte den Schmerz vieler Schwachheiten, um nicht stolz zu werden. Zuerst betete er um Heilung und die Entfernung des Dornes; aber letztendlich demütigte er sich und akzeptierte jegliche Art des Leidens für eine größere Freisetzung der Kraft Gottes.

Paulus konnte den Sinn seiner Bedrängnis erkennen, und die Unannehmlichkeiten mögen nicht lange angehalten haben. Es ist vorstellbar, dass Gott zur gegebenen Zeit den Dorn in Paulus' Fleisch entfernte, wenn diese Art des Leidens nicht länger gebraucht wurde, um ihn demütig zu halten. Genau dies haben viele Christen erfahren.

So erging es auch dem Hirtenjungen David. Er war der jüngste Sohn einer unbedeutenden Familie und Sippe. Eines Tages stattete der Prophet Samuel dem Hause Davids einen Besuch ab und überraschte jeden, als er ihn zum König salbte. Seit dem Tag seiner Salbung „lag der Geist des Herrn mächtig auf David" (1. Samuel 16:13). Schließlich wurde er befördert und lebte am königlichen Hof, wo er König Saul als Waffenträger und Musiker diente. Als er den Riesen Goliath besiegte, wurde er ein Nationalheld und heiratete die Tochter des Königs, die ihn liebte. Außerdem wurde der Sohn des Königs sein bester Freund und unterstützte ihn. Alles verlief gut. Sein ganzes Leben wirkte wie ein fantastischer Traum, in dem die Gegenwart des Geistes alles ermöglichte. David schien unaufhaltsam zu sein. Er war positioniert, um den Thron zu besteigen.

Aber Gott hatte andere Gedanken. Der Traum wurde auf einmal beendet, und die königliche Herrschaft entzog sich ihm für viele Jahre. David musste um sein Leben fürchten, denn der König, sein Schwiegervater, wurde eifersüchtig auf seinen zunehmenden Ruhm und seine göttliche Gunst. David lebte in Höhlen und an verlassenen Orten und war von seiner Frau getrennt. Dann musste er erfahren, dass der König, ihr Vater, sie mit einem anderen Mann verheiratet hatte. Das war nicht recht und angemessen. Denn David war unschuldig.

Einmal war David so verzweifelt, dass er Zuflucht in der Heimatstadt des Riesen Goliaths suchte, welchen er in der Schlacht getötet hatte. Hier war er gezwungen, sich so geisteskrank zu stellen, dass ihm der Speichel den Bart herunter rann. Die Jahre auf der Flucht waren sehr hart für ihn (siehe 1. Samuel 21:10-13).

Zu einer anderen Zeit kehrte er an seinen Zufluchtsort zurück und musste feststellen, dass jedes Haus verbrannt und zerstört war. Auch hatten die feindlichen Plünderer seine zwei Frauen und die Familien seiner Männer entführt. Die Gegebenheiten hätten nicht schlimmer sein können, und das Leiden setzte sich fort.

Aber diese Feuerproben der Bedrängnis dienten einem Zweck. Davids Charakter wurde für die Königsherrschaft ausgebildet. Statt sich gegen Gott zu wenden und sich der Bitterkeit hinzugeben, näherte er sich mehr zu Gott und lernte, sich beständig in Anbetung und Lobpreis zu ermutigen. Durch Widrigkeiten wurde er zur Führung einer ganzen Nation vorbereitet (siehe 1. Samuel 30:4-6).

Die Jahre der Bedrängnis ließen David näher zu Gott rücken. Er wurde nicht verbittert und behielt sogar ein weiches Herz für den König, seinem Schwiegervater, der all die Ungerechtigkeiten und Verfolgungen veranlasst hatte.

David war bereit, mit einem reinen Herzen zu regieren. Zweimal hatte David das Glück, dass der König ihm ausgeliefert war. Aber zweimal tötete er ihn nicht. Er erkannte Gottes Privileg an, Leiter ein- und abzusetzen (siehe 1. Samuel 26:9-11).

David bestand die Prüfungen zur Führerschaft. Er traf keine eigenen Entscheidungen, sondern blieb Gott in allen Umständen gehorsam. Am Ende klagte, weinte und fastete David, als Saul die Schlacht gegen die Philister nicht überlebte. Er trauerte um seinen Verfolger, und bestätigte damit, ein Mann nach Gottes Herzen zu sein (siehe 1. Samuel 13:14). Die Königsherrschaft gehörte ihm. Die schrecklichen Versuchungen waren beendet, und die auf ihm liegende Salbung manifestierte sich vollmächtig durch seine Herrschaft.

So verbildlicht das Leben Davids wiederum die Verbindung zwischen geistlicher Kraft und dem Leiden. Gott benutzt Beschwerlichkeiten, um Seine Menschen vorzubereiten und ihren Charakter aufzubauen. Dann können sie mit großer Macht umgehen, ohne sich Korruption und selbstsüchtigem Stolz hinzugeben.

Einmal ließ Gott eine ganze Nation diese Erfahrung machen. Er demütigte und prüfte Sein Volk 40 Jahre lang in der Wüste, damit es lernte, sich in Allem auf Gott zu verlassen und Ihn nicht später aufgrund der Reichtümer im verheißenen Land zu vergessen. Gott benutzte Hunger und Entbehrungen, um den Charakter einer Nation aufzubauen. Auf diese Weise sollte Sein Volk Disziplin lernen und sich einer noch größeren Freisetzung Seiner Gnade und Kraft erfreuen können, ohne verdorben zu werden.

Das ganze Gebot, das ich dir heute gebiete, sollt ihr halten, es zu tun, damit ihr lebt und zahlreich werdet und hineinkommt und das Land in Besitz nehmt, das der Herr euren Vätern zugeschworen hat. Und du sollst an den ganzen Weg denken, den der Herr, dein Gott, dich diese vierzig Jahre in der Wüste hat wandern lassen, um dich zu demütigen, um dich zu prüfen und um zu erkennen, was in deinem Herzen ist, ob du seine Gebote halten würdest oder nicht. Und er demütigte dich und ließ dich hungern. Und er speiste dich mit dem Manna, das du nicht kanntest und das deine Väter nicht kannten, um dich erkennen zu lassen, dass der Mensch nicht von

Brot allein lebt. Sondern von allem, was aus dem Mund des Herrn hervorgeht, lebt der Mensch. Deine Kleidung an dir ist nicht verschlissen, und dein Fuß ist nicht geschwollen diese vierzig Jahre. So erkenne in deinem Herzen, dass der Herr, dein Gott, dich erzieht, wie ein Mann seinen Sohn erzieht! Halte nun die Gebote des Herrn, deines Gottes, indem du auf seinen Wegen gehst und ihn fürchtest. Denn der Herr, dein Gott, bringt dich in ein gutes Land, ein Land von Wasserbächen, Quellen und Gewässern, die in der Ebene und im Gebirge entspringen; ein Land des Weizens und der Gerste, der Weinstöcke, Feigenbäume und Granatbäume; ein Land mit ölreichen Olivenbäumen und Honig; ein Land, in dem du nicht in Armut dein Brot essen wirst, in dem es dir an nichts fehlen wird; ein Land, dessen Steine Eisen sind und aus dessen Bergen du Kupfer hauen wirst. Und du wirst essen und satt werden, und du sollst den Herrn, deinen Gott, für das gute Land preisen, das er dir gegeben hat. Hüte dich, dass du den Herrn, deinen Gott, nicht vergisst, indem du seine Gebote und seine Rechtsbestimmungen und seine Ordnungen, die ich dir heute gebe, nicht hältst! – dass nicht, wenn du isst und satt wirst und schöne Häuser baust und bewohnst und deine Rinder und deine Schafe sich vermehren und dein Silber und Gold sich mehren und alles, was du hast, sich mehrt, dass dann nicht dein Herz sich erhebt und du den Herrn, deinen Gott, vergisst, der dich aus dem Land Ägypten, aus dem Sklavenhaus, herausführte; **der dich wandern ließ in der großen und schrecklichen Wüste, wo feurige Schlangen und Skorpione sind, in dem dürren Land, wo kein Wasser ist; der dir Wasser aus dem Kieselfelsen hervorbrachte; der dich in der Wüste mit Man speiste, das deine Väter nicht kannten, um dich zu demütigen und um dich zu prüfen, damit er dir am Ende wohltue** und du dann nicht in deinem Herzen sagst: Meine Kraft und die Stärke meiner Hand hat mir dieses Vermögen verschafft! Sondern du sollst an den Herrn, deinen Gott, denken, dass er es ist, der dir Kraft gibt, Vermögen zu schaffen; – damit er seinen Bund aufrechterhält, den er deinen Vätern geschworen hat, so wie es heute ist. Und es wird geschehen, wenn du je den Herrn, deinen Gott, vergisst und andern Göttern nachläufst und ihnen dienst und dich vor ihnen niederwirfst,

so bezeuge ich heute gegen euch, dass ihr ganz gewiss umkommen werdet. Wie die Nationen, die der Herr vor euch umkommen lässt, so werdet ihr umkommen, dafür, dass ihr auf die Stimme des Herrn, eures Gottes, nicht hört. 5. Mose 8:1-20

Gott arbeitet immer noch auf gleiche Weise an Menschen und Gemeinden. Er benutzt Zeiten in der Wüste und des Leidens, um uns für eine größere Freisetzung Seiner Kraft und Gunst vorzubereiten. Beispielsweise schrieb John Bunyan das Buch *Pilgerreise zur seligen Ewigkeit* (1678). Es wurde in mehr als 200 Sprachen übersetzt und ist wahrscheinlich nach der Bibel das beliebteste, jemals veröffentlichte Buch. Aber an diesem Erfolg hängt ein Preisschild. Das Buch wurde im Gefängnis geschrieben. Dort lernte John Bunyan über 12 Jahre lang, sich Gott vollkommen auszuliefern. In seiner Autobiographie erklärte er, wie er überlebte. Er zitierte dort 2. Korinther 1, Vers 9:

Wir selbst aber hatten in uns selbst schon das Urteil des Todes erhalten, damit wir nicht auf uns selbst vertrauten, sondern auf Gott, der die Toten auferweckt.

Dann schrieb er:

Durch diese Schriftstelle konnte ich erkennen: Falls ich jemals richtig leiden würde, müsste ich zuerst über alles ein Todesurteil aussprechen, was richtiger Weise zu diesem Leben dazugehört, sei es meine Frau, meine Kinder, meine Gesundheit, mein Genuss und alles andere. Es sollte für mich gestorben sein, so wie ich für all dieses gestorben sein sollte. Als zweites sollte ich vom unsichtbaren Gott leben, wie Paulus an anderer Stelle sagte, „wir werden nicht müde, die wir nicht sehen auf das Sichtbare, sondern auf das Unsichtbare. Denn was sichtbar ist, das ist zeitlich; was aber unsichtbar ist, das ist ewig.[11] (siehe 2. Korinther 4:18)

11 John Bunyan, Grace Abounding to the Chief of Sinners (Hertfordshire, England: Evangelical Press 1978), 122.

Wir können alle darin übereinstimmen, dass die Bibel uns lehrt, sich nicht auf sich selbst zu verlassen, sondern auf Gott. Im Gefängnis lernte John Bunyan den radikalen Charakter dieser Grundeinstellung kennen und sprach „ein Todesurteil über alles, was richtiger Weise zum Leben dazu gehörte". Er bezeichnete sich selbst, seine Frau, seine Kinder, seine Gesundheit, seine Freuden und alles weitere als für ihn gestorben – und sich selbst für all dieses gestorben. So teilte er die Erfahrung von 2. Korinther 1:9 und stimmte mit den noch radikaleren Worten des Apostels Paulus überein, der in Galater 6:14 schrieb:

Mir aber sei es fern, mich zu rühmen als nur des Kreuzes unseres Herrn Jesus Christus, durch das mir die Welt gekreuzigt ist und ich der Welt.

Für John Bunyan war Jesus so wertvoll, dass er alles andere ausschloss. Für ihn war die Welt gestorben. Er selbst betrachtete sich allem gegenüber für tot, was ihm in diesem Leben wichtig sein könnte. Er überlebte seine Leiden, indem er für Jesus allein lebte. Als er allem, was er liebte, ein Todesurteil gab, sprach Gott ein Urteil des Lebens über seinen Stift und das Buch. Aus der Folgsamkeit im Gefängnis entsprang die Kraft für ein meistgekauftes Buch.

Gott diszipliniert Menschen nicht immer auf gleiche Weise. Aber Er benutzt durchaus Bedrängnis, um den menschlichen Stolz zu brechen, damit Seine größere Kraft ungehindert in demütigen Dienern wirken kann. In meinem Dienst hatte ich keine Schwierigkeiten erwartet. Ich war jung und entschlossen; meiner Meinung nach führte immer ein Weg voran. Voller Energie glaubte ich an das, was ich tat und war nicht zu schüchtern, um Widerspruch entgegenzutreten. Ich blühte sogar im Streit auf. Unter Druck arbeitete mein Verstand besser, und ich hatte meine Emotionen unter Kontrolle. Aber letztendlich gab es mehr Konflikte, als ich jemals dachte, und sie hielten über Jahre an. Als ich älter wurde, musste ich feststellen, dass ich nicht unbesiegbar war und trauerte um strapazierte Beziehungen, die keinem nützen. Zudem forderten die Arbeitsbelastungen ihren eigenen Tribut, denn neue Initiativen verbrauchten zusätzliche Energie.

Aber Gott erlaubte dem Druck der Spannungen und dem geschäftigen Gemeindeleben mich zu schwächen und weicher werden zu lassen. Ich lernte, zu vergeben und mich auf Gott zu verlassen. In meinem Fall schien Gott besondere Sorgfalt darauf zu legen, dass jegliche Durchbrüche kamen, wenn ich besonders schwach war.

Als die erste junge Frau Gott ihr Herz übergab, durfte ich mit ihr beten. Aber dies geschah nach einem langen Predigttag, und ich war vollkommen erschöpft. Die junge Frau kämpfte eine Zeitlang damit, die richtigen Worte an Gott zu finden. Deshalb ermutigte ich sie, an einem anderen Tag zu Gott zu kommen. Ich empfand, nicht mehr länger durchhalten zu können. Aber sie wollte nicht weggehen und erfreute sich kurze Zeit später an ihrer Errettung. Diese Erfahrung hätte mich als Pastor auch erfreuen sollen. Aber ich konnte den Moment nicht auskosten. Ich war am Ende.

Als die ersten drei Menschen unter der Kraft des Geistes auf den Boden fielen und die erste Dämonenbefreiung passierte, war es ähnlich. Ich war zu erschöpft für irgendein freudiges Gefühl über irgendetwas. Einmal dachte ich sogar: *Gott, wann wirst Du mir erlauben, endlich Freude am Dienst zu haben?* Meine Frau befand sich selbst auch auf der Suche nach mehr von Gott und sagte immer wieder: „Gott wird dir das Verlangen deines Herzens erfüllen, wenn du es nicht länger willst." Wie bei John Bunyan stellte Gott auch in unseren Leben sicher, dass wir „ein Todesurteil über alles aussprechen, was richtiger Weise zu diesem Leben dazugehört", bevor Er uns ermächtigte.

Dann begann eine Zeit, in der wir beide zwei Jahre lang nachts nicht richtig schlafen konnten. Völlig verzweifelt verbrachten wir manche Nacht in getrennten Schlafzimmern, damit unser beider Umherwälzen die Situation für den anderen nicht noch schlimmer machte. Wegen der mangelnden Nachtruhe brannte ich aus. Wir fragten uns, ob es sich um einen geistlichen Angriff handelte, was einige unser betenden Mitarbeiter auch in Erwägung zogen.

In dem entscheidenden Jahr 2008 waren wir in unserem geistlichen Wachstum weit vorangekommen. Doch ich war sehr schwach. Genau zu der Zeit, als Gott die Gemeinde fragte, ob sie Ihm erlaube zu übernehmen, kämpfte ich während der Gottesdienste mit meiner Konzentration. Letztendlich konnte ich gar nichts mehr unter Kontrolle halten und musste Gott die Führung überlassen. In Seiner großen Gnade bewahrte Er die Gemeinde und mich. Außerdem setzte Er uns frei und versorgte uns.

Darüber hinaus konnten meine Frau und ich schon nach wenigen Monaten im folgenden Jahr ohne Nahrungsänderung oder sonstige Maßnahmen wieder schlafen. Unsere Kraft kam zurück, und niemals wieder haben wir diese Art Schlaflosigkeit erfahren. Es schien, als wollte uns Gott 2008 schwächen, damit Er in Seiner Kraft tun konnte, was immer Er wollte, und nicht unsere Kraft im Wege stand.

Das Prinzip gilt. Oftmals gebraucht Gott Leiden, um unsere eigene Kraft zu brechen, damit wir uns auf Seine stützen. Er will unseren Charakter aufbauen, damit wir in Demut gegründet sind, bevor Er Seine Vollmacht freisetzt, welche so leicht unsere Anbetung Gottes korrumpiert.

Was wir von Jesus lernen können

Als Er etwa 30 Jahre alt war (siehe Lukas 3:23) wurde Jesus mit dem Geist getauft und erlebte sofort dessen drei Hauptvorteile: 1) Gewissheit, 2) Sieg über die Sünde und 3) Kraft für den Dienst. Aus Jesu Erfahrung lernen wir, wie diese drei Vorzüge miteinander verbunden sind und die Entwicklung vom Leiden zur Kraft fördern.

1. Jesus erhielt eine Bestätigung Seiner Identität, als die Stimme Gottes zu ihm sprach:

... und betete, dass der Himmel geöffnet wurde und der Heilige Geist in leiblicher Gestalt wie eine Taube auf ihn herabstieg und eine Stimme aus dem Himmel kam: Du bist mein geliebter Sohn, an dir habe ich Wohlgefallen gefunden. Lukas 3:21+22

2. Nachdem die Stimme Gottes zu Ihm gesprochen hatte, kehrte Jesus von Seiner Taufe zurück, um den Satan 40 Tage lang zu bekämpfen und dabei siegreich zu bleiben:

Jesus aber, voll Heiligen Geistes, kehrte vom Jordan zurück und wurde durch den Geist in der Wüste vierzig Tage umhergeführt und von dem Teufel versucht. Lukas 4:1+2

3. Nach Seinem Sieg über Satan erklärte Jesus, dass der Heilige Geist mit Kraft zum Dienst auf Ihn gekommen sei:

Und Jesus kehrte in der Kraft des Geistes nach Galiläa zurück ... und er ging nach seiner Gewohnheit am Sabbattag in die Synagoge und stand auf, um vorzulesen. Und es wurde ihm das Buch des Propheten Jesaja gereicht; und als er das Buch aufgerollt hatte, fand er die Stelle, wo geschrieben war: „Der Geist des Herrn ist auf mir, weil er mich gesalbt hat, Armen gute Botschaft zu verkündigen; er hat mich gesandt, Gefangenen Freiheit auszurufen und Blinden, dass sie wieder sehen, Zerschlagene in Freiheit hinzusenden, auszurufen ein angenehmes Jahr des Herrn." ... Er fing aber an, zu ihnen zu sagen: Heute ist diese Schrift vor euren Ohren erfüllt. Lukas 4:14-21

Jesus empfing alle drei Hauptvorzüge der Geistestaufe. Laut biblischem Bericht kam die Versicherung Seiner Sohnschaft zuerst. Jesus benötigte die Gewissheit Seiner Identität, bevor Er beim 40-tägigen intensiven Kampf mit dem Satan siegte. Als Er mit dem Geist getauft wurde, hörte Jesus klarer als jemals zuvor, dass Er der geliebte Sohn Seines Vaters im Himmel war und Gott wohlgefiel. Mit dieser Art Gewissheit war Er gegen Satan gewappnet, der gerade Seine Identität als Gottes Sohn angriff.

Immer wieder versuchte Satan Jesus mit der Eingebung, Er müsste Seine Identität unter Beweis stellen. Warum sollte der Sohn Gottes Hunger und Entbehrung in der Wüste erleiden müssen? Satan legte Jesus nahe, wäre Er der Sohn Gottes, sollte Er etwas tun, was Seinem Stand entsprechen würde. Er solle Brot für Seinen Hunger beschaffen und ebenso für Macht und Ruhm sorgen.

Der Teufel hörte nicht auf, Jesus aufgrund Seiner Identität anzugreifen. Er prüfte Jesus 40 Tage lang mit derselben Überlegung:

Und der Teufel sprach zu ihm: Wenn du Gottes Sohn bist, so sprich zu diesem Stein, dass er Brot werde. Lukas 4:3

Und er führte ihn nach Jerusalem und stellte ihn auf die Zinne des Tempels und sprach zu ihm: Wenn du Gottes Sohn bist, so wirf dich von hier hinab. Lukas 4:9

Hätte Jesus nicht die Gewissheit Seiner Sohnschaft mit Seiner Geistestaufe erhalten, hätte Er nicht über die Stärke verfügt, Satans Angriffen standzuhalten. Aber weil Er „voll des Geistes" war, zweifelte Er nicht an der Liebe des Vaters. Er musste nicht irgendwo anders nach Bestätigung und Selbstwert suchen.

Der Kampf mit Satan war für Jesus intensiv und schmerzhaft. Weil Er aber mit dem Geist getauft war, blieb Er siegreich. Die Art des Charakters war in Ihm geformt worden, die jetzt mit der geistlichen Kraft für die Mission umgehen konnte. Jesus war in die Zeit der Versuchung „voll des Heiligen Geistes" eingetreten (Lukas 4:1), kehrte aber aus der Kampferfahrung „in der Kraft des Geistes" (Lukas 4:14) zurück. Wie so viele Christen nach Ihm, hatte Jesus die Disziplin gelernt, Gott selbst in Zeiten des Mangels gehorsam zu bleiben. Er hatte den Test bestanden und würde somit die Herrlichkeit der geistlichen Kraft nicht für Sein Ego missbrauchen.

Wir sollten die Leiden anerkennen, die uns auf die Vollmacht vorbereiten. Auch müssen wir zur Kenntnis nehmen, wie wichtig das Geschenk der Gewissheit für Jesus war. Wenn Er mit dem Geist getauft werden musste, um ein tieferes Vertrauen in Seine Sohnschaft zu erhalten, dann muss jeder Christ das Gleiche für die Prüfung und die Kraft erleben, die danach kommen werden.

Ich schließe dieses Kapitel mit einer weiteren Bibelstelle, die Jesu Leiden mit Seiner Kraft verbinden. Wir lernen von Ihm und bejahen dieselbe Disziplin:

Der hat in den Tagen seines Fleisches sowohl Bitten als auch Flehen mit starkem Geschrei und Tränen dem dargebracht, der ihn aus dem Tod retten kann, und ist um seiner Gottesfurcht willen erhört worden, und lernte, obwohl er Sohn war, an dem, was er litt, den Gehorsam; und vollendet ist er allen, die ihm gehorchen, der Urheber ewigen Heils geworden, von Gott begrüßt als Hoherpriester nach der Ordnung Melchisedeks. Hebräer 5:7-10

5
Die Torheit setzt sich fort

Die Manifestationen des Heiligen Geistes

Würde Gott jemals etwas tun, das uns anstössig sein könnte? Und würde Er jemals gute Christen absichtlich erschüttern? Dies entsprach nicht meiner Erwartung. Deshalb habe ich als Pastor immer versucht, Gott nett und sanft darzustellen. Denn Menschen wollen doch aus der Reserve gelockt werden, damit sie für eine Beziehung mit Ihm bereit sind. Oft wird angenommen, dass uns Gott mit einfühlsamer Liebe anzieht. Dennoch gibt es eine andere Seite an Ihm. Vorsätzlich und mit Absicht plant Gott, bei uns anzuecken und uns zu schockieren.

Die meisten Gemeindebesucher erkennen aber nicht immer Gottes beunruhigende Absichten. Wir haben uns an einige Seiner Unannehmlichkeiten gewöhnt und erwarten darüber hinaus keine weiteren Ärgernisse. Aus der Bequemlichkeit des heutigen Blickwinkels blicken wir auf das provozierende Wesen der christlichen Botschaft und halten uns selbst als abgeklärt. Mit wissenschaftlichem Interesse wundern wir uns, wie sich andere Menschen ständig an Jesus stoßen konnten.

Man stellte Jesu Geburtsort in Frage und sagte: „Nazareth! Kann irgendetwas Gutes von dort kommen?" (Johannes 1:46). Jesus wurde verachtetet, weil Er die Mahlzeiten mit fraglichen

Menschen einnahm. Es wurde gesagt: „Siehe, ein Fresser und Weinsäufer, ein Freund von Zöllnern und Sündern." (Lukas 7:34) Menschen lehnten Seine Macht über Krankheit und Dämonen ab und behaupteten: „Dieser treibt die Dämonen nicht anders aus als durch den Beelzebul, den Obersten der Dämonen" (Matthäus 12:24). Seiner Predigt wurde widerstanden und sogar Jesu eigene Jünger murrten. Er war genötigt, sie zu fragen: „Ärgert euch dies?" (Johannes 6:61)

Jesus schien auf vielerlei Weise anstößig zu sein. Er war ein Wein trinkender und gut essender Heiler und Prediger aus Nazareth, der es schaffte, Sein ganzes Leben lang Menschen aufzuregen. Danach machte Er Seinen eigenen Tod zum schlimmsten Ärgernis. Anstatt in Herrlichkeit zu regieren, beanspruchte Er ein gekreuzigter Erretter zu sein. Seine Nachfolger verkündeten dieselbe Botschaft und predigten, Kraft käme aus Leiden hervor, nämlich von Seinem Todeskreuz. Dies war für alle schwer annehmbar, aber Jesu Nachfolger standen ihren Mann. Der Apostel Paulus schrieb in der Bibel:

> **Denn das Wort vom Kreuz ist denen, die verloren gehen, Torheit; ... hat es Gott wohlgefallen, durch die Torheit der Predigt die Glaubenden zu retten. Und weil denn Juden Zeichen fordern und Griechen Weisheit suchen, predigen wir Christus als gekreuzigt, den Juden ein Ärgernis und den Nationen eine Torheit ... Denn das Törichte Gottes ist weiser als die Menschen, und das Schwache Gottes ist stärker als die Menschen.**
> 1. Korinther 1:18-25

Zur Zeit der frühen Gemeinde stolperte man immer wieder über die scheinbare Torheit des Kreuzes. Aber unser heutiges Problem besteht eher darin, dass wir uns an diese Botschaft gewöhnt haben. Wir regen uns über nichts mehr auf, was Jesus getan hat. Heute lieben wir den Außenseiter, der es mit dem religiösen

Establishment aufnahm, und Sein Kreuz hängt vergoldet um unseren Hals oder an unseren Kirchenwänden. Wir haben uns an Jesus gewöhnt und schauen mit gewissem Stolz auf Jahrhunderte langer Kirchengeschichte zurück. Aber Gott gibt nicht so leicht auf, wenn es darum geht, uns aufzuwühlen. Deshalb benutzt Er aktuellere Mittel, um gute Christen zu beunruhigen. So erklärt die Bibel etwa, dass Gott ständig dahin tendiert, durch Menschen zu wirken, die andere als anstößig beurteilen:

> **... es nicht viele Weise nach dem Fleisch, nicht viele Mächtige, nicht viele Edle sind; sondern das Törichte der Welt hat Gott auserwählt, damit er die Weisen zuschanden mache; und das Schwache der Welt hat Gott auserwählt, damit er das Starke zuschanden mache. Und das Unedle der Welt und das Verachtete hat Gott auserwählt, das, was nicht ist, damit er das, was ist, zunichte mache, dass sich vor Gott kein Fleisch rühme.** 1. Korinther 1:26-29

Selbst in der erst kurz zurückliegenden Geschichte schienen einige der besten und effektivsten Prediger nicht das rechte Handwerkszeug zu haben. Ein typisches Beispiel ist Charles Spurgeon, welcher als „Prinz der Prediger" bezeichnet wurde, aber niemals irgendein Bibel-College besucht hat. Durch verschiedene Schritte haben zuerst Jesus und dann Seine Nachfolger andere Menschen dazu gebracht, Anstoß zu nehmen. Das war Gottes Absicht, denn Er „wählte das Törichte dieser Welt, um die Weisen zu beschämen." Sein Ziel war, „zunichte zu machen, was etwas ist", und Seine Absicht hat sich nicht geändert. Auch weiterhin beschämt Gott die Weisen und Starken. Deshalb sollten wir besser vorbereitet sein. Sowohl Jesus, als auch Seine Jünger waren voll des Heiligen Geistes und durch Ihn geleitet. Und der Heilige Geist fährt damit fort, Stolpersteine für Menschen aufzurichten. Er bewegt immer noch die unwahrscheinlichsten Menschen und verursacht oftmals die seltsamsten Manifestationen. Diese werden im Folgenden angesprochen.

Anstößige Manifestationen

Bei der allerersten Ausgießung kam der Heilige Geist mit Kraft. Dies wirkte anziehend auf Menschen, erzeugte aber auch einige anstößige Manifestationen. Wie schon zuvor erwähnt, überkam der Heilige Geist die Jünger. Menschen beurteilten sie als Betrunkene, machten ihre Späße über sie und sagten: „Sie haben zu viel Wein getrunken." (Apostelgeschichte 2:13) Das war für die Jünger demütigend. Sie mussten sich sofort verteidigen und ihren Zustand erklären, indem sie sagten: „Diese sind nicht betrunken, wie ihr meint, denn es ist erst die dritte Stunde des Tages" (Apostelgeschichte 2:15). Wenn die Menschenmenge diese Erklärung akzeptieren würde, wäre sie auch gedemütigt, denn sie müsste Prediger akzeptieren, die betrunken aussahen.

Die Bibel erklärt nicht genau, auf welche Art die Jünger betrunken wirkten. Eventuell taumelten sie und sprachen undeutliche Worte. Vielleicht verloren sie ihr Gleichgewicht und fielen zu Boden. In anderen Bibelstellen gibt es Berichte von Menschen, die in der Gegenwart Gottes zu Boden fielen (siehe Daniel (8:17; 10:7-10.15-19; 1. Könige 8:10+11; Johannes 18:5; Offenbarung 1:17), deren Angesichter übernatürlich glänzten (siehe 2. Mose 34:29-35; Apostelgeschichte 6:15), die Trancen hatten (siehe Apostelgeschichte 10:10; 2. Korinther 5:12+13), zeitweise unter Blindheit (siehe Apostelgeschichte 9:8+9) oder Taubheit litten (siehe Lukas 1:22), Trompetenklänge hörten (siehe 2. Mose 19:19), Naturphänomene wie Rauch und Erdbeben erlebten (siehe 1. Könige 8:10+11; Matthäus 27:51) und Blitz und Donner ausgesetzt waren (siehe 2. Mose 19: 16-19). Dies ist eine lange Aufzählung, aber sie ist nicht einmal vollständig. Und nichts verweist darauf, was man erwarten kann.

Die Kirchengeschichte berichtet, dass diese Manifestationen bei den Christen nicht immer willkommen waren. Ganze Bewegungen wurden aufgrund seltsamer Vorgänge gerichtet und abgelehnt. Trotzdem konfrontiert uns Gott damit, und lässt sie trotz all ihrer Unannehmlichkeit und Anstößigkeit zu. Ein Pastor berichtete:

> **Es gab Fälle, wo Personen in einer Art Trance lagen. Man konnte ständig Aufschreie, Ohnmachten, Zuckungen und ähnliches erleben, sowohl mit Verzweiflung als auch mit Bewunderung und Freude.**[12]

Aufgrund meiner eigenen, begrenzten Erfahrung würde ich sagen, dass leisere Manifestationen wie Tränen der Buße und stille Freude oftmals akzeptiert werden. Aber nicht viele Gemeinden können Aufschreien und Zuckungen einen Platz gewähren. Starke Gefühle und laute Geräusche machen viele von uns nervös. Versucht Gott, uns hier herauszufordern und unsere Vorstellungen von Religion und Seriosität zu erschüttern? Bei der allerersten Ausgießung des Heiligen Geistes füllte Er das Haus mit einem Klang, gleich dem Brausen eines gewaltigen Windes. Das kam unerwartet und war nicht in den Schriften vorhergesagt worden. Trotzdem hatte Gott es so geplant.

Anstößige Handlungen

Der Heilige Geist ist nicht zaghaft, wenn es um seltsame Manifestationen geht. Es bringt Ihn auch nicht in Verlegenheit, weitere Eigentümlichkeiten durch die Art Seines Wirkens in und durch uns zu offenbaren. Als Mose und das Volk Israel zwischen der feindlichen Armee Ägyptens und dem Roten Meer eingekeilt waren, brauchten sie Gottes Hilfe zum Überleben. Da befahl Gott Mose: „Du aber erhebe deinen Stab und strecke deine Hand über das Meer aus und spalte es, damit die Söhne Israel auf trockenem Land mitten in das Meer hineingehen." (2. Mose 14:16) Wie

12 Jonathan Edwards, zitiert in *The Toronto Blessing* von Dave Roberts (Eastbourne, England: Kingsway Publishing, 1994), 131-132.

töricht muss sich dies für Mose angefühlt haben! Im Angesicht all der Menschen wurde ihm befohlen, das Unmögliche zu tun. Völlig unsinnig sollte er seinen Stab über das Wasser erheben und seine Hand ausstrecken. Wer hatte jemals gehört, dass dies zu irgendetwas nütze war? Was wäre, wenn nichts geschehen würde?

Die seltsamen Handlungen des Geistes forderten auch Jesus heraus. Einmal sollte Er einen blinden Mann mit einer seltsamen Medizin heilen. „Er spie auf die Erde und bereitete einen Teig aus dem Speichel und strich den Teig auf seine Augen." (Johannes 9:6). Das erscheint wie eine eklige Heilungsmethode. Andere Male waren die Heilungen angemessener, wenn Jesus die Menschen durch die Kraft Seines Wortes oder Seiner Berührung heilte. Aber nicht in diesem Fall. Er musste die seltsame Führung des Geistes annehmen und sich vollkommen unterordnen. Der Sohn Gottes musste Seine Spucke mit Staub mischen und den Mischmasch in das blinde Auge des Mannes schmieren. Fraglich ist, ob heutige Christen Anstoß an solchen Heilungen nehmen und diese Art des Dienstes verbieten würden.

In der Vergangenheit wurde den Propheten Gottes oftmals befohlen, nicht nur Gottes Wort zu sprechen, sondern auch die Kraft des Heiligen Geistes durch unübliche und sogar „verrückte" Verhaltensweisen freizusetzen. Hesekiel rasierte Kopf und Bart, dann schlug, verbrannte und zerstreute er seine Haare (siehe Hesekiel 5:1-12). Jesaja ging drei Jahre lang nackt umher (siehe Jesaja 20). Jeremia trug ein Rinderjoch um seinen Hals (siehe Jeremia 27:1-28); er band einen Stein an eine Schriftrolle mit prophetischen Worten und warf sie in den Euphrat (siehe Jeremia 51:62-64). Hosea heiratete eine Prostituierte (siehe Hosea 1:1-11). Ahija zerteilte den königlichen Mantel in zwölf Stücke (siehe 1. Könige 11:30-40), und Elisa bestand darauf, dass Pfeile auf die Erde geschlagen wurden, um die Feinde Israels zu besiegen (siehe 2. Könige 13:14-18).

Wie wird heute darüber gedacht? Leicht kann man an solchen Handlungen Anstoß nehmen. Man kann sogar gut verstehen, warum Gottes Volk nicht mit irgendetwas Merkwürdigem zu tun haben will, wie nackt umherzugehen oder Pfeile auf den Boden zu schlagen. Aber der Geist bringt uns absichtlich in Verlegenheit, denn Er möchte die Weisheit der Weisen beschämen. Deshalb sollten wir unsere Haltung lieber überdenken und erkennen, dass sogar die grundlegenden Segnungen der Taufe und des Abendmahls ein ebenso „verrücktes" Verhalten widerspiegeln. Denn nüchtern gesehen – wie kann da ein Wasserbad etwas zur Errettung beitragen oder eine Mahlzeit aus Brot und Wein mit Jesu Vergebung in Verbindung stehen?

Anstößige Wunder

Menschen nehmen Anstoß am Heiligen Geist. Denn manchmal löst Er seltsame Manifestationen aus und wirkt auf eigenartigen Wegen. Dies menschliche Verhalten allein ist schon bedauerlich, aber es steckt mehr dahinter. Aufgrund eigener Erfahrungen habe ich festgestellt, dass man sich auch über die Art von Wundern aufregt, welche der Heilige Geist in Seinem Volk wirkt. Seit dem letzten Sonntag im Jahre 2009 lässt Gott Goldstaub auf unseren Gottesdienstbesuchern erscheinen, was auch während der Woche geschieht. Sogar viele meiner Freunde reagierten gleichgültig auf diese unerwartete Illustration der Liebe Gottes. Ein freundlicher Kollege versicherte mir seine Unterstützung, teilte aber mit: „Ich weiß, du lässt dich auf diese Art von Dingen ein, ich aber nicht." Für ihn und andere macht es keinen Unterschied, dass unsere Gemeinde Gott nie um dieses besondere Goldstaub-Wunder gebeten hat. Gottes Wirken geschah aus eigenem Antrieb. Uns bleibt nichts anderes übrig, als entweder mit Danksagung oder Ablehnung darauf zu reagieren.

Bei einem unserer Gebetstreffen zeigte ich ein Video über einen Heilungsevangelisten, der für Gemeindeleiter betete, damit diese mit dem Übernatürlichen umzugehen wüssten. Er erwähnte auch Goldstaub und andere Wunder. Aufgrund unserer eigenen Erfahrung begeisterte mich der Dienst. Aber ein älteres Gemeindemitglied mit pfingstlerischem Hintergrund stand auf und sagte ärgerlich: „Das sind Staubflocken. Es handelt sich um keine wahre Erweckung. Gott möchte so viel mehr wirken. Goldstaub ist nichts." Ich erinnere mich an meine eigene Überraschung. Diese Person konnte ohne Probleme Wunder anerkennen, weigerte sich aber, dieses besondere Wunder zu begrüßen. Schließlich verteilte sie Literatur, welche nahelegte, diese Art von Wunder könnte dämonischen Ursprungs sein.

Trotzdem ist Gott Gott, und wir sind es nicht. Wir wünschten uns so sehr, dass Gott Sein Wort mit Zeichen und Wundern bestätigte. Wie konnten wir uns jetzt über die Art des Wunders beklagen, das Er uns zuerst geben wollte? Meines Erachtens ging Gott äußerst behutsam mit uns um, denn Er verlangte nichts „Wildes" von uns. Goldstaub ließ uns nicht umfallen, war ohne Geruch, beschmutzte keine Kleidung, war nicht laut. Er ließ uns nur wunderschön aussehen, wie die Braut Christi. Auf sanfte Art sagte Gott zu uns: „Ich liebe euch." Sogar unerfahrene Christen, neue Gläubige und Lutheraner sollten mit dieser Erfahrung umgehen können.

Der Heilige Geist hat die Angewohnheit, Menschen vor den Kopf zu stoßen. Manchmal braucht es gar nicht viel, bis Personen ärgerlich werden. Mich überraschen Menschen, die an biblische Wunder glauben, sich aber über heutige Wunder aufregen. Nach einem Gebetstreffen sprach ich einmal mit einem älteren Kollegen. Ich teilte ihm meine Frustration über die Dämpfung des Geistes mit. Er berichtete mir, dass er in den 1970-ern in Versammlungen gewesen war, in denen Gott übernatürlich für goldene Zahnfüllungen gesorgt hatte. Dann fragte er: „Warum tut

Gott so etwas?" Er hatte es nicht verstanden. Deshalb entzog er sich dieser Art von Wundern. Warum nur? Durch dieses Gespräch wurde meinem Frust nicht abgeholfen.

Wer unter Zahnschmerzen leidet, würde wahrscheinlich eher eine Goldfüllung von Gott annehmen wollen, als von einem Zahnarzt. Es war ein Zeichen der Liebe Gottes, das weder Schmerzen verursachte, noch Geld kostete. Aber Menschen waren und sind verärgert. Bei einer Konferenz teilte eine ältere Frau mit, wie Gott in der Bibel ihres Ehemannes Manna erschienen ließ. Es zeigte sich auf der Seite mit dem Bezug auf das „verborgene Manna für die Überwinder" (siehe Offenbarung 2:17). Das Manna befand sich während seines ganzen Lebens immer wieder auf derselben Bibelseite. Er und seine Frau waren Lutheraner, aber ihre Kirchengemeinde konnte nicht mit dem Wunder umgehen, obwohl es eins aus der Bibel wiederholte. Deshalb wurden sie aus der Gemeinde ausgeschlossen.

Nachdem ich dieses Zeugnis gehört hatte, habe ich manchmal um dasselbe Wunder gebetet. Oft halte ich während des Gottesdienstes meine Bibel bei Offenbarung 2:17 aufgeschlagen, warte aber immer noch auf dieses besondere Wunder. Hier gab es in der Bibel einen Präzedenzfall, und es wäre wunderbar zu erfahren, wie es dem Volk Israel in der 40-jährigen Wüstenzeit schmeckte. Entsprach das Manna wirklich Honigkuchen (siehe 2. Mose 16:31)? Aber nicht alle Wunder erfordern ein biblisches Beispiel. Gott ist kreativ und sorgt für Wunder in einer solchen Fülle, dass die Bibel sie nicht alle enthalten kann (siehe Johannes 21:25). So konnte sich unsere Gemeinde auch über die Manifestation von Öl auf den Handflächen unserer Mitglieder freuen. Ebenso glauben wir anderen, wenn sie über übernatürlichen Regen innerhalb ihres Gemeindegebäudes sprechen, über Engelfedern und Edelsteine in ihrer Mitte. Als Pastor kann ich nur jeden ermutigen, sich nicht zu ärgern, sondern eher Gott zu erlauben, Gott sein zu dürfen. In der Bibel hat Er Seine Absichten klar zum Ausdruck gebracht:

Auch viele andere Zeichen hat nun zwar Jesus vor den Jüngern getan, die nicht in diesem Buch geschrieben sind. Diese aber sind geschrieben, damit ihr glaubt, dass Jesus der Christus ist, der Sohn Gottes, und damit ihr durch den Glauben Leben habt in seinem Namen.

Johannes 20:30-32

Glaubt mir, dass ich in dem Vater bin und der Vater in mir ist; wenn aber nicht, so glaubt um der Werke selbst willen! Wahrlich, wahrlich, ich sage euch: Wer an mich glaubt, der wird auch die Werke tun, die ich tue, und wird größere als diese tun, weil ich zum Vater gehe.

Johannes 14:11+12

Anstößige Vielfalt

Der Heilige Geist brüskiert die menschliche Weisheit mit seltsamen Manifestationen, Handlungen und Wundern. Und es gibt noch die Kritik an der unerwarteten Vielfältigkeit. Beispielsweise haben sowohl Billy Graham als auch Benny Hinn zur selben Zeit Früchte als Evangelisten getragen, aber nur Benny Hinn hat sich besonders in der Kraft der Heilungswunder bewegt. Rick Warren und Gene Edwards sind außergewöhnliche Gemeindegründer in den Vereinigten Staaten, aber nur Warren gründete eine Megakirche, während Edwards eine Hauskirchenbewegung in Gang setzte. All diese Menschen wurden von Gott gesegnet, aber ihre Unterschiedlichkeit war für die christliche Kirche oft verwirrend, und die Menschen ergriffen eher Partei, statt die Unterschiede zu begrüßen.

Diese Art der Verwirrung gab es von Anfang an in der Gemeinde. Als der Apostel Paulus die gespaltene Gemeinde in Korinth wieder vereinen wollte, führte er an, nicht der Geist spiele einen Diener Gottes gegen den anderen aus. Denn alle dienen dem gleichen Gott und folgen verschiedenen Bestimmungen (siehe

1. Korinther 3:1-10). Leicht verständlich erklärte der Apostel Paulus den Korinthern, der Heilige Geist würde sich unterschiedlich ausdrücken, wäre aber immer noch derselbe Heilige Geist, der durch Menschen wirkt:

> **Es gibt aber Verschiedenheiten von Gnadengaben, aber es ist derselbe Geist; und es gibt Verschiedenheiten von Diensten, und es ist derselbe Herr; und es gibt Verschiedenheiten von Wirkungen, aber es ist derselbe Gott, der alles in allen wirkt.** 1. Korinther 12:4-6

Jesus begann Sein Werk inmitten größter Verwirrung. Mit Johannes dem Täufer hatte Er einen Vorgänger, dessen Vorgehen er übernahm. So tauften sie beide eine Zeitlang in der gleichen Umgebung:

> **Danach kamen Jesus und seine Jünger in das Land Judäa, und dort verweilte er mit ihnen und taufte. Aber auch Johannes taufte zu Änon, nahe bei Salim, weil dort viel Wasser war; und sie kamen hin und wurden getauft.** Johannes 3:22+23; siehe auch 4:1+2

Es sah so aus, als müssten sich die Menschen zwischen Johannes und Jesus entscheiden. Gemäß der Bibel waren beide Männer treue Diener Gottes, aber sie unterschieden sich voneinander wie Tag und Nacht. Der Heilige Geist bewegte sich in beiden, aber in verwirrender Vielfalt.

Falls Johannes der Hoffnung Nahrung gab, der kommende Christus würde eine mächtigere Version seiner selbst sein, dann wäre er bitterlich enttäuscht worden. Seine Eltern waren alte und anerkannte priesterliche Nachkommen. Johannes war ihr Kind und Wunder, das Gott ihnen durch eine späte Schwangerschaft geschenkt hatte – alle freuten sich über seine Geburt (siehe Lukas 1:5-25; 57-66). Aber Jesu Eltern waren jung und arm, und der Heilige Geist machte die Mutter vor der Hochzeit schwanger, so dass Jesus – auch ein Kind und Wunder – außerehelich geboren wurde, weg von daheim und in Schande (siehe Matthäus 1:18-25).

Während Johannes von Geburt an voll des Heiligen Geistes war, und ihm bestimmt war, auf Alkohol zu verzichten (siehe Lukas 1:15), verwandelte Jesus in der Kraft des Heiligen Geistes als allererstes Wunder Wasser in Wein (siehe Johannes 2:1-11). Und es war bekannt, dass Er Wein trank (siehe Lukas 7:34). Im Gegensatz zu Jesus wirkte Johannes kein einziges Wunder, wenn er zu Gottes Volk über Buße predigte. Doch Jesus wirkte nicht nur viele Wunder, Er verließ sich auf sie zur Bestätigung Seiner Predigt (siehe Johannes 10:25+26, 32+38). Anders wie bei Johannes gebrauchte Gott hier Wunder, um die Berufung und Identität Jesu zu bestätigen:

> **Jesus ..., der von Gott euch gegenüber erwiesen worden ist durch Machttaten und Wunder und Zeichen, die Gott durch ihn in eurer Mitte tat ...** Apostelgeschichte 2:22

Johannes und seine Jünger fasteten, während Jesus und Seine Jünger dies nicht taten (siehe Matthäus 9:14+15). Diese zwei Männer zu beobachten, wie sie Seite an Seite wirkten, muss sehr irritierend gewesen sein. Beide waren voll des Geistes und ihrer Berufung gegenüber treu. Beide predigten: „Tut Buße, denn das Reich der Himmel ist nahe herbei gekommen" (Matthäus 3:2; 4:17). Beider Dienst bezog sich auf die Nation, und sie erweckten große Hoffnung in ihren Nachfolgern. Aber in vielerlei Hinsicht unterschieden sie sich voneinander und repräsentierten unterschiedliche Zeiten in Gottes Werk. Jesus taufte nicht nur mit Wasser, sondern auch mit dem Heiligen Geist.

Während der ganzen Kirchengeschichte hat Gott mit verwirrender Vielfalt gewirkt. Es war nicht immer leicht, all die Bewegungen und Zeiten Gottes zu willkommen zu heißen, denn oftmals kam eine neue Zeit mit frischen und unerwarteten Handlungsarten und Manifestationen. Wir alle brauchen Demut im Angesicht Gottes, der sich vorgenommen hat, unsere Weisheit zu beschämen und unsere menschliche Kompetenz für nichtig zu erklären. Mit Absicht stellt der Heilige Geist Stolpersteine für stolze Menschen durch seltsame Manifestationen, Handlungen, Wunder und unerwartete Vielfalt auf.

Gefährdung Seines Werkes

Als Pastor habe ich mich oft gewundert, warum Gott meine Arbeit nicht mehr unterstützt hat. Während ich versuchte, den Frieden zu bewahren und Streitigkeiten zu vermeiden, forderte Er absichtlich unsere guten Gemeindemitglieder heraus. Was sollte ich tun? Das half mir nicht und untergrub Gottes eigenen Ruf. Warum sollte Er Seinem Werk ein Stigma auferlegen? Und warum sollte Gott Seine eigenen Pläne zur Erreichung einer verlorenen Welt gefährden? Wenn Er Menschen retten wollte, warum stieß Er sie vor den Kopf? Falls Er wollte, dass die Gemeinde Seine Mission unterstützte, warum ließ Er sie dann um Urteilsvermögen ringen?

Evangelist Charles Finney arbeitete mit einem örtlichen Presbyterianer zusammen. Sie wollten ein Dorf in eine Erweckung führen, die fast augenblicklich begann. Schon wenige Jahre zuvor hatte es aufgrund der Arbeit von Methodisten eine Erweckung in diesem Dorf gegeben. Diese hatte viel Begeisterung ausgelöst und oftmals geschah, was die Methodisten das „Fallen unter der Kraft Gottes" nennen. Dem hatten die Presbyterianer widerstanden. So entwickelten sich schlechte Stimmungen zwischen den Methodisten und den Presbyterianern. Die Methodisten beschuldigten die Presbyterianer, der Erweckung entgegengewirkt zu haben, weil Menschen unter der Gottes Kraft zu Boden fielen.

Beim Predigen sah Finney eines Tages, wie ein Mann vom Stuhl fiel. Er war überzeugt, dies war ein echter Fall des „Fallens unter der Kraft Gottes". Dennoch fürchtete er, es würde wieder zur Trennung führen, die Gläubigen befremden und so die Erweckung beenden. Aber die auf den Boden gefallene Person war ein leitendes Mitglied der Presbyterianischen Kirche. Und während der gesamten Erweckung fielen nur Presbyterianer unter der Kraft Gottes um und kein einziger Methodist.[13]

Vielleicht war dies Gottes Sinn für Humor. Die beiden christlichen Gemeinden taten wegen ihrer Spaltung Buße, und die Erweckung setzte sich fort. Aber können wir daran erkennen, welches Risiko Gott einzugehen scheint, wenn Er eine Person unter Seiner Kraft zu Boden fallen lässt? Warum lässt Er nicht jeden dezent auf dem Stuhl sitzen und sich dort bekehren? Warum einen Aufruhr verursachen und gute Kirchgänger brüskieren?

Ebenso verwirrt die Unwichtigkeit der anstößigen Manifestationen. Vom Stuhl zu fallen hatte nichts mit der Errettung des Mannes in Finneys Gottesdienst zu tun. Manifestationen wie flatternde Augenlider, kribbelnde Haut oder Zuckungen sind nicht entscheidend und wurden uns in der Bibel nicht verheißen. Außer eine Person tut wegen ihrer Sünden Buße und setzt ihren Glauben auf Jesus Christus, ist jede Körperreaktion auf die übernatürliche Kraft Gottes bedeutungslos. Nur der Glaube erlangt Gottes Freundschaft.

Gott scheint Sein eigenes Werk zu gefährden. Einerseits ist Er gekommen, um die Verlorenen zu suchen und zu erretten. Aber andererseits verwirrt Er sie mit seltsamen Methoden und Manifestationen. Aus menschlicher Perspektive mögen wir diese inneren Widersprüche nicht begrüßen, aber die Sichtweise ändert sich, wenn wir uns Gottes Herrschaft mit übernatürlicher Freude unterordnen. Genau dieses erlebte Jesus:

13 Charles Finney, ***Original Memoirs of Charles G. Finney*** (Grand Rapids, MI: Zondervan, 2002), 108.

In dieser Stunde jubelte Jesus im Geist und sprach: Ich preise dich, Vater, Herr des Himmels und der Erde, dass du dies vor Weisen und Verständigen verborgen hast und hast es Unmündigen offenbart. Ja, Vater, denn so war es wohlgefällig vor dir. Lukas 10:21

Die Handhabung der Manifestationen

Trotz ihres göttlichen Ursprungs und ihrer gottgewollten Absicht bleiben die seltsamen Manifestationen, Handlungen, Wunder und die unerwartete Vielfalt des Geistes für Gemeindeleitungen eine Herausforderung. Jeder würde zustimmen, dass es nicht weise wäre, echte Reaktionen auf das Wirken des Heiligen Geistes zu unterdrücken, wie etwa intensive Schulderkenntnis oder höchste Freude. Jedoch werden nicht alle Manifestationen vom Heiligen Geist ausgelöst. Es gibt auch dämonische Fälschungen, die genauso aussehen, denn „Satan verkleidet sich als ein Engel des Lichts" (2. Korinther 11:14).

Ebenso geht eine weniger ernsthafte, aber häufigere Gefahr von unreifen Personen aus, welche die Manifestationen imitieren. Effekte, wie auf den Boden fallen oder Zuckungen, werden von anderen gesehen und als Bestätigung des Geistes und Seines Handelns verstanden. Deshalb wünschen sich unreife Personen oftmals diese Art der Bestätigung und imitieren die Manifestationen gelegentlich. Meist fällt es ihnen nicht einmal schwer, denn jeder kann zu Boden fallen oder seinen Körper schütteln. Auf diese Weise erscheinen sie geistlich.

Im Jahr 2008 strahlte God TV für mehrere Monate eine bekannt gewordene Ausgießung des Heiligen Geistes in den Vereinigten Staaten aus. Schon bald danach gab es Christen, welche die gleiche Art des geistlichen „Kopfschütteln" wie der hauptsächliche Leiter der Ausgießung zur Schau stellten. War diese körperliche Manifestation echt, oder kam sie durch zu vieles Fernsehen schauen?

Werden die Manifestation deutlich von der Person kontrolliert und kann sie entscheiden, wann man diese an- oder ausschaltet, lässt sich die Echtheit anzweifeln.

Auch kann man Manifestationen imitieren, weil man „höflich" sein will. Manche Christen wollen denen, die beten und Hände auf andere legen, beteuern, dass der Geist durch sie arbeitet. Besonders wollen sie Gastprediger ermutigen. Deshalb reagieren sie auf deren Dienst, indem sie höflicherweise zu Boden fallen. Das schadet ihnen nicht, mindert aber die Nervosität des besuchenden Pastors. Als ich erstmalig über das „Höflichkeitsfallen" hörte, dachte ich, es wäre ein Witz. Zuerst neigen Menschen dazu, sich wegen einer Manifestation aufzuregen, und dann ist die Nachfrage danach so groß, dass Menschen dies als Ausdruck von Höflichkeit nachahmen.

Somit bleibt die Herausforderung bestehen. Wie kann eine Kirchengemeinde den richtigen Weg durch die eigenartigen Manifestationen, dämonischen Fälschungen und Imitationen finden? Generell besteht die Versuchung, die Ausschreitungen zu früh zu unterbinden. So erzählt Jesus ein Gleichnis, mit dem Er Seine Jünger deutlich ermahnt, nicht vor der Erntezeit den Weizen vom Unkraut zu trennen. „Damit ihr nicht etwa beim Zusammenlesen des Unkrauts gleichzeitig mit ihm den Weizen ausreißt." (Matthäus 13:29)

Ich erinnere mich an einen Vorfall, als ein junger Mann seltsam herumsprang und währenddessen laut stöhnte. Nach einer Weile hatte ich den Eindruck, er wollte nur die Aufmerksamkeit auf sich ziehen und die Gebetszeit verlängern. Aber später demütigte mich sein Zeugnis. Er erklärte, Gott hätte ihn während der seltsamen Manifestationen von dem sexuellen, als Kind erlittenen Missbrauch geheilt. So unangenehm es oftmals sein kann, wir müssen uns zurückhalten und nicht versuchen, die echten Manifestationen von den Nachahmungen frühzeitig zu trennen.

Denn wir können sie nicht immer vor Beendigung der Gebetszeit voneinander unterscheiden.

Gleichzeitig müssen wir nicht vollkommen passiv sein. Die Bibel fordert uns auf, alles geschehen zu lassen, aber „alles geschehe anständig und in Ordnung" (1. Korinther 14:40). Auf Grundlage von Matthäus 7:20 – „Deshalb, an ihren Früchten werdet ihr sie erkennen", entwarf Pastor Jonathan Edwards fünf Fragestellungen zur Überprüfung von geistlichen Manifestationen:

1. **Bringen sie der Person Jesus Christus Ehre?**
2. **Erzeugen sie einen größeren Hass auf die Sünde und eine größere Liebe für die Gerechtigkeit?**
3. **Führen sie zu einer verstärkten Achtung der Schrift?**
4. **Bringen sie Menschen in die Wahrheit?**
5. **Produzieren sie eine größere Liebe zu Gott und Menschen?**[14]

Diese fünf Überprüfungsfragen helfen uns, die Ablenkungen und Imitationen auszusondern und uns darauf zu konzentrieren, was der Heilige Geist in erster Linie tun will. Gemäß Jesus möchte Er Ihn verherrlichen (siehe Johannes 16:14).

In jedem Gottesdienst kann es auch hilfreich sein, die Menschen zu erinnern, dass Manifestationen nicht das Ziel des Gottesdienstes und der christlichen Arbeit sind. Wir alle wollen eine Begegnung mit Gott, aber dies kann auch ohne jeglichen Effekt auf unseren Körper geschehen. Beispielsweise sagte Jesus, Er würde von jedem Wort, das aus dem Mund des Vaters kommt, leben (siehe Matthäus 4:4). Diese Worte kann man hören, ohne vom Stuhl zu fallen. Am meisten aber brauchen wir Liebe, um die durch Manifestationen hervorgerufenen Ärgernisse und Trennungen zu überwinden. Lasst uns dazu einander in Demut ermutigen.

14 Jonathan Edwards, Bezugnahme (nicht zitiert) in *Growing in the Prophetic* von Mike Bickle mit Michael Sullivant (Orlando, FL: Creation House, 1996), 207.

Empfang durch Torheit

Als die Kraft des Heiligen Geistes in unserer Gemeinde zunahm und intensiver wurde, bewirkte sie als häufigste Manifestation das Niederfallen. Dies kam überraschend, ohne jegliche Vorwarnung auf uns zu. Ich fing zwar die Gemeindemitglieder auf, war aber nie zuvor in einem vergleichbaren Gottesdienst gewesen. Und sofort sagte ich mir: Der Verlust des Gleichgewichts ist nicht notwendig, um etwas von Gott zu empfangen. So ließ ich mir vom Gastprediger die Hände auflegen und für mich beten, stellte aber sicher, dass meine Füße fest auf dem Boden und in Abwehrhaltung standen. Mich hätte Gott mit Gewalt umstoßen müssen, um mich zum Fallen zu bringen.

Das war in Ordnung. Aber fünf Jahre später empfing ich von Gott eine Lektion. Ich war auf einer Konferenz und der Hauptsprecher lehrte über geistliche Weitergabe. Dann lud er die Pastoren ein, diese durch Handauflegung und Gebet zu empfangen. Wenn ich mich recht erinnere, war ich der Erste in der vor der Bühne gebildeten Gebetsreihe. Ich stand schon da, bevor die Pastoren nach vorne eingeladen wurden. Die Anbetungsband spielte weiter und irgendwie, aus meinem Innersten, begann ich den Namen Jesu mit voller Hingabe laut zu rufen. Ich wusste gar nicht, wie sehr ich mich nach ihm sehnte.

Dann kam ich an die Reihe und verlor beim Gebet langsam das Gleichgewicht. Ich dachte, Verursacher könnte die übervolle Gebetsreihe sein. Deshalb wollte ich schnell einen Schritt zurückgehen, um meinem Körper vor dem Sturz zu bewahren. Aber mein rechtes Bein war festgeklemmt. Es fühlte sich so an als ob mir die Nebenperson ein Bein stellte. Ich konnte nicht anders, fiel rückwärts und war enttäuscht. Ich dachte: *Gott, das bist nicht Du. Irgendwer wird mich schon auffangen, aber dies ist nicht die Weitergabe des Geistes.*

Doch auf dem Weg zum Boden kam der Geist stark auf mich. Lange Zeit weinte und krümmte ich mich. Gott redete mit mir und teilte mir Sein Herz über unser Gemeinde und Landeskirche mit. Dies war eine kostbare Zeit. Wieder Zuhause angekommen, schaute ich mir die Konferenzvideos an und wollte die Person ausmachen, die mich in dem Moment zum Stolpern gebracht hatte, als ich Gebet empfing. Aber es war keiner nahe genug, um Auswirkungen auf mein Gleichgewicht gehabt haben zu können. Konnte es sein, dass Gott einen Engel beauftragt hatte, um mich stolpern zu lassen und diesen sturen Deutschen auf den Boden zu bringen? Und konnte es sein, dass Gott einige besondere Maßnahmen gebraucht hatte, um meine eigene Willenskraft so zu brechen, dass ich von Ihm empfangen konnte.

Als ich mein Gleichgewicht nicht ausgleichen konnte und niederfiel, hing ich vollkommen hilflos in der Luft. Für die Dauer des Falls musste ich alle Kontrolle abgeben. Genau dies war der Moment, den Gott für Seine Absichten nutzte. Seitdem habe ich gelernt, leicht auf meinen Füßen zu stehen. Sobald ich die Bewegung des Heiligen Geistes auf mir spüre, gebe ich meine Kontrolle auf und heiße den Fall willkommen, denn oftmals vertieft der Geist Sein Wirken, während ich auf dem Boden liege.

Das war meine Erfahrung – aber nicht nur meine. Ich habe viele Menschen in der Gebetsreihe getroffen, die meinen anfänglichen Widerstand gegen das Niederfallen teilten. Keiner ist gerne verletzlich und möchte die Kontrolle über seinen Körper aufgeben. „Wer weiß, ob mich die Person hinter mir auffängt?" Dann gibt es den „törichten" Aspekt einer gut gekleideten Person, die auf dem Boden landet. Aber jene, die sich entschieden haben, das Törichte zu begrüßen, empfangen oft zum ersten Mal gemäß der tiefen Weisheit der Bibel. Diese erklärt, dass „Gott das Törichte der Welt auserwählt hat, damit er die Weisen zuschanden mache" (1. Korinther 1:27). „Gott will zunichte machen, das was etwas ist" (1. Korinther 1:28), und das schließt unseren Sinn für Kontrolle und Anstand ein.

Einmal predigte ich in einer anglikanischen Kirche. Danach sagte ein langjähriges Gemeindemitglied zu mir: „Beim Zuhören musste ich erkennen, keine persönliche Beziehung zu Gott zu haben. Ich hatte eine, aber es gab so viel Kummer in meinem Leben, dass ich mich von Gott zurückzog." Ich ermutigte zu einem Gebet der Buße. Dann betete ich für die Frau und legte ihr die Hände auf. Nach einiger Zeit wurde sie wackelig auf den Beinen, und ich konnte erkennen, sie konnte das Geschehen nicht einordnen. Ich fragte sie nach ihrem Befinden. Sie entgegnete: „Mein Herz ist warm und mit Liebe gefüllt." Sie hatte eine Begegnung mit Gott und wusste, ihre Beziehung zu Ihm war wiederhergestellt. Sie war glücklich.

Trotzdem verstand sie nicht, was mit ihren Beinen geschah. Ich versuchte, ihr die Wirkung des Heiligen Geistes auf ihren Körper zu erklären. Aber sie wusste nicht, was sie tun sollte und kämpfte gegen das Gefühl an. Das machte weiteres Gebet sehr schwierig, denn sie übergab Gott nicht länger die Kontrolle. Schnell bat ich einen Mitarbeiter um einen Stuhl, damit sie sich beim Sitzen entspannen konnte und sich keine Gedanken um ihr Gleichgewicht machen musste. Aber es war zu spät. Während dieser Gebetszeit konnte sie sich Gott nicht mehr hingeben. Doch sie hatte einen neuen Start mit Gott bekommen, und Er würde immer bei ihr sein. Dennoch zeigte mir dies erneut die Wichtigkeit, die Torheit des Umfallens anzunehmen. Was immer Gott tun will, sollten wir ihn tun lassen.

Meine älteste Tochter Dominique bestätigte diese Beobachtung. Nach einer Lehreinheit über den Geist in unserer Gemeinde stand auch sie in der Gebetsreihe, und ich betete für sie. Sofort zeigte das Gebet Auswirkungen, und ich fühlte, wie der Geist durch sie floss. Ihr Körper schwankte und lehnte sich zurück. Aber dann griff sie ein, unterbrach den Fluss und beendete die Bewegung. Sie fühlte sich unwohl, in der Gemeinde rückwärts umfallen zu müssen. Ich erklärte ihr, sie würde mit ihrem Widerstand den Geist dämpfen. Dann wollte ich weiter für sie beten, aber sie konnte die Hürde des peinlichen Gefühls beim Umfallen nicht überwinden.

Drei Tage später hatten wir eine Gebetszeit in unserem Wohnzimmer. Dieses Mal war sie entschlossen ihre Kontrolle aufzugeben. Sie wollte sich Gott absolut unterordnen und innerhalb weniger Augenblicke fiel sie unter der Kraft des Geistes um. Sie freute sich sehr darüber. Sie fühlte, sie hatte etwas erreicht, weil sie Gottes Art der Torheit anerkannte, um etwas von Ihm zu empfangen.

Möge jeder Christ diese Art des Durchbruches erfahren, und dann für mehr vorbereitet sein. Denn Gott bleibt kreativ, um uns mit Torheit zu konfrontieren. Später werden wir einige Zeit damit verbringen, das Sprechen in Zungen zu erörtern. Auch dieses erscheint einigen als dumm, denn der Verstand kann das „Plappern" mit dem Mund nicht verstehen. Trotzdem wollen viele Christen mit dem Geist gefüllt werden. Sie bestehen aber darauf, dass dies ohne den Empfang der Gabe der Zungen geschehen müsste. Denn diese Eigenartigkeit wollen sie nicht annehmen. Aber es ist nicht weise, zu kontrollieren und die Bedingungen vorzuschreiben, wenn Gott „das was ist, zunichtemachen will" (1. Korinther 1:28).

Gezielt und mit Absicht konfrontiert uns Gott oft mit Torheit, um unsere Vorstellungen über Selbstachtung und Anständigkeit zuschanden zu machen. Deshalb erscheint der Rat gut, sich selbst für die Torheit vorzubereiten, die uns widerfahren kann, und dann in die Offensive zu gehen. Wenn wir wissen, dass Gott die Weisen beschämen möchte, warum tun wir nicht etwas absichtlich Demütigendes und Törichtes in unseren öffentlichen Gottesdiensten? Wir können Gott aktiv nachfolgen, indem wir unseren Stolz aufgeben. Für viele Lutheraner ist dies ziemlich leicht und erfordert keine Anstrengung und keinen Aufwand.

Sie können einfach ihre Hände in der Anbetung heben. Diese Anbetungsart ist in der Bibel üblich, aber nicht in traditionellen Gottesdiensten. Wenn Menschen dies das erste Mal tun, fühlen sie sich ziemlich befangen und verlegen. Aber diese Art der Torheit öffnet sich aktiv für Gott und ordnet sich Ihm unter. Denn Seine „Torheit ist weiser als menschliche Weisheit" und Seine „Schwachheit ist stärker als menschliche Stärke" (1. Korinther 1:25).

6
Die Schlacht beginnt

Der Heilige Geist und geistlicher Kampf

Vor etlichen Jahren hat Rudolph Bultmann, Professor für das Neue Testament, die Christen mit diesen Worten betroffen gemacht:

Man kann nicht elektrisches Licht und Radioapparat benutzen ... und gleichzeitig an die Geister- und Wunderwelt des Neuen Testaments glauben. Und wer meint, es für seine Person tun zu können, muss sich klar machen, dass er, wenn er das für die Haltung des christlichen Glaubens erklärt, damit die christliche Verkündigung in der Gegenwart unverständlich und unmöglich macht.[15]

Menschliches Wissen und Können sind in der Welt durch Wissenschaft und Technologie so weit voran geschritten, dass es für keinen mehr ernsthaft möglich ist, die Sicht des Neuen Testamentes auf die Welt aufrecht zu erhalten – und tatsächlich gibt es keinen, der dies tut ... Jetzt, wo die Kräfte und Gesetzes der Natur erforscht sind, können wir nicht länger an Geister glauben, ob sie nun gut oder schlecht sind.[16]

Damals klangen diese Worte für viele Christen überzeugend. Ich kann mich noch daran erinnern, wie mein Pastor, der mich Religion auf dem Gymnasium lehrte, scheinbar keine Antwort auf

---

15 R. Bultmann, Neues Testament und Mythologie, 1941, S. 18.

16 Hans-Werner Bartsch, ed., Reginald H. Fuller, trans., Kerygma and Myth—A Theological Debate (London, 1972), 5.

diese Wertschätzungen hatte. Dennoch versuchte er sich an eine letzte übernatürliche Hoffnung zu klammern: Die Auferstehung Jesu Christi von den Toten und das ewige Leben für alle, die an Ihn glauben. Damals sah es aus, als müsste jede seriöse und intelligente Person mit der Sicht übereinstimmen, die moderne Wissenschaft lässt keinen Platz für das Übernatürliche in der Welt.

Jedoch, auch wenn es primitiv und rückständig klingt, wir können trotzdem die übernatürlichen Elemente des christlichen Glaubens nicht ablegen. Denn eine Kirche ohne das Übernatürliche ist eine Kirche ohne Gott und ohne die Kraft des Heiligen Geistes in ihr. In solch einer Kirche kann man nicht überleben, denn man verliert seinen Schutz vor den Mächten der Dunkelheit, die trotz elektrischem Licht und Radioapparat ihr Unwesen treiben.

Ausgerüstet für den Krieg

Vor wenigen Jahren hätte mich ein Buch wie dieses provoziert. Denn dadurch wäre ich mit der aktiven Seite des Heiligen Geistes konfrontiert worden, der auch heute noch prophetische Rede, kühnes Predigen, Zungenrede, Manifestationen wie Umfallen, Schütteln und die Erfüllung mit der Liebe Gottes bewirkt. Es wäre mir schwer gefallen, mich mit diesen biblischen Gegebenheiten in der heutigen Zeit vertraut zu machen. Viele Zeugnisse hätten für mich ein wenig unheimlich geklungen. Aber in diesem Kapitel geht die Herausforderung sogar noch weiter. Der Heilige Geist ist nicht die einzige übernatürliche Person unter uns. Er kommt auf Christen, rüstet sie mit Kraft aus und führt sie dann ausnahmslos in den Kampf mit den unheiligen Geistern Satans.

Als Jesus etwa 30 Jahre alt war, betete Er, und „der Himmel wurde geöffnet und der Heilige Geist stieg in leiblicher Gestalt wie eine Taube auf ihn herab" (Lukas 3:21+22). Sobald der Geist auf Ihn gekommen war, begann der Kampf. „Jesus, voll des Heiligen Geistes … wurde durch den Geist in der Wüste vierzig Tage umhergeführt und von dem Teufel versucht (Lukas 4:1+2). Versucht, aber nicht überwältigt, verkündete Jesus Seinen neuen Auftrag mit folgenden Worten:

Der Geist des Herrn ist [jetzt] auf mir …, Gefangenen Freiheit auszurufen … Zerschlagene in Freiheit hinzusenden … Lukas 4:18+19

Diesen Auftrag erfüllte er mit der Verkündung des Reiches Gottes und der vollmächtigen Konfrontation mit den Dämonen Satans. Ich zitiere aus demselben Kapitel, das Jesu Auftrag ankündigt:

… und lehrte sie … Und sie erstaunten sehr über seine Lehre, denn sein Wort war mit Vollmacht … unreinen Dämons hatte, und er schrie auf mit lauter Stimme und sprach: Ach, was haben wir mit dir zu schaffen, Jesus, Nazarener? Bist du gekommen, uns zu verderben? … Und Jesus bedrohte ihn und sprach: Verstumme und fahre aus von ihm! … Und Entsetzen kam über alle, und sie redeten untereinander und sprachen: Was ist dies für ein Wort? Denn mit Vollmacht und Kraft gebietet er den unreinen Geistern, und sie fahren aus. … Als aber die Sonne unterging, brachten alle, die an mancherlei Krankheiten Leidende hatten, sie zu ihm; er aber legte jedem von ihnen die Hände auf und heilte sie. Und auch Dämonen fuhren von vielen aus, indem sie schrieen und sprachen: Du bist der Sohn Gottes …

Lukas 4:31-44

Später fassten Seine Jünger diese Zeit des Dienstes Jesus so zusammen:

Jesus von Nazareth, wie Gott ihn mit Heiligem Geist und mit Kraft gesalbt hat, der umherging und wohltat und alle heilte, die von dem Teufel überwältigt waren, denn Gott war mit ihm.

Apostelgeschichte 10:38

Sobald der Heilige Geist mit Kraft auf Jesus gekommen war, begann Er die Herrschaft Satans herauszufordern und alle zu heilen, die unter dessen Macht gefangen waren.

Dies währte bis zur Kreuzigung, der Zuspitzung des Kampfes, wo Satan mit aller Gewalt zurückschlug. Gegen Ende „fuhr Satan in Judas" (Lukas 22:3), einem Jünger aus dem inneren Kreis Jesu. Daraufhin verriet Judas Jesus und setzte eine Kette schrecklicher Ereignisse in Gang. Jesus wurde gefangen genommen, bespuckt, abgelehnt, verspottet, beleidigt, verachtet, gequält und schließlich getötet, indem Sein Körper mit Nägeln an ein Kreuz geschlagen wurde. Zu dieser Zeit schien Satan seinen Willen durchgesetzt und den Sieg davon getragen zu haben. Sogar Jesus gestand Satan diese Zeit zu und sagte: „Aber dies ist eure Stunde und die Macht der Finsternis" (Lukas 22:53).

Aber die Auseinandersetzung nahm eine entscheidende Wendung, da Jesu Tod nicht Satans endgültiger Sieg war, sondern dessen äußerste Niederlage. Jesu Tod am Kreuz besiegte Satan in einem Kampf mit umfassenden Ausmaßen. Denn Er stellte sich als das erlösende Opfer für alle Sünder heraus, die zuvor rechtmäßig von Satan beschuldigt werden konnten. Jesu Tod überraschte Satan mit einer plötzlichen Niederlage, weil damit alle Grundlagen für Anklagen und Schuldzuweisungen beseitigt wurden. Seit dieser Zeit können alle sündigen Menschen aus seinen Klauen befreit werden. Denn das unschuldige Blut Jesu, Sein erstaunliches Opfer, bezahlte den Preis für unsere Missetaten und enthielt die Macht, alle unsere Sünden abzuwaschen. – Die Bibel erklärt:

... er hat die Gewalten und die Mächte [Satans] völlig entwaffnet und sie öffentlich zur Schau gestellt. Kolosser 2:15

Hierzu ist der Sohn Gottes offenbart worden, damit er die Werke des Teufels vernichte. 1. Johannes 3:8

Darüber hinaus vollendete Jesus Seinen Sieg und machte alles klar, indem er nach drei Tagen aus dem Grabe auferstand. Somit wurde der Tod „verschlungen vom Sieg" (1. Korinther 15:54).

Der gesamte Dienst Jesu drehte sich um den übernatürlichen Kampf zwischen Gott und Satan. Dieser war Gott nicht ebenbürtig, aber dessen hauptsächlicher Feind. Somit sind diese Bibelbezüge nur eine kleine Auswahl der vielen Passagen, die über dieses vorherrschende Thema handeln. Darüber wird unter Christen nicht gestritten. Aber was die Praxis anbelangt, schien bei mir zumindest die ganze Thematik eines übernatürlichen Wettstreits zwischen Gott und Satan keine Rolle zu spielen. Jahrelang konnte ich es vermeiden, über Dämonen und Satan zu predigen, denn in unserer heutigen Zeit scheinen wir uns mit dieser Art der geistlichen Kampfführung nicht auseinandersetzen zu müssen. Zumindest war mir nicht bewusst, jemals einem Dämon begegnet zu sein.

Aber laut Aussage der Bibel verbleibt Satan noch genügend Macht, und er wird erst am Ende der Zeit vollkommen vernichtet werden, wenn Jesus in Herrlichkeit auf die Erde zurückkehrt:

Und es wurde geworfen der große Drache, die alte Schlange, der Teufel und Satan genannt wird, der den ganzen Erdkreis verführt ... Denn der Teufel ist zu euch hinab gekommen und hat große Wut, da er weiß, dass er nur eine kurze Zeit hat.... Und der Drache wurde zornig über die Frau und ging hin, Krieg zu führen mit den Übrigen ihrer Nachkommenschaft, welche die Gebote Gottes halten und das Zeugnis Jesu haben. Offenbarung 12:9-17

Und der Teufel, der sie verführte, wurde in den Feuer- und Schwefelsee geworfen ... und sie werden Tag und Nacht gepeinigt werden von Ewigkeit zu Ewigkeit. Offenbarung 20:10

Deshalb legte Jesus so viel Wert auf die Erfüllung Seiner Jünger mit der Kraft des Heiligen Geistes. Sie sollten bei ihrer Mission erfolgreich sein. Denn mit unerbittlicher Entschlossenheit würden sich Satan und seine Lakaien ihrem Auftrag widersetzen. Schon als Jesus Seine Jünger erstmalig lehrte, Buße und Sündenvergebung würden in Seinem Namen gepredigt werden, stellte Er sofort klar: Auch ein vollkommenes Verständnis über diese Wahrheit und Seine Beauftragung würden nicht ausreichen, um den Dienst einwandfrei ausführen zu können. Sie brauchten mehr vom Heiligen Geist. Deshalb befahl Er ihnen, an ihrem gewohnten Ort zu bleiben, bis sie „bekleidet werden mit Kraft aus der Höhe!" (Lukas 24:49)

Als dies geschah und der Heilige Geist auf sie gekommen war, befanden sich die Jünger alsbald in einem beständigen Krieg mit den bösen Mächten. Und gemäß der Bibel setzt sich der gleiche geistliche Kampf mit Satan und dessen Dämonen für alle Christen fort:

> **Denn unser Kampf ist nicht gegen Fleisch und Blut, sondern gegen die Gewalten, gegen die Mächte, gegen die Weltbeherrscher dieser Finsternis, gegen die geistigen Mächte der Bosheit in der Himmelswelt.** Epheser 6:12

> **… den Ungläubigen, bei denen der Gott dieser Welt den Sinn verblendet hat, damit sie den Lichtglanz des Evangeliums von der Herrlichkeit des Christus, der Gottes Bild ist, nicht sehen.**
> 2. Korinther 4:4

> **Ich werde dich herausnehmen aus dem Volk und den Nationen, zu denen ich dich sende, ihre Augen zu öffnen, dass sie sich bekehren von der Finsternis zum Licht und von der Macht des Satans zu Gott, damit sie Vergebung der Sünden empfangen und ein Erbe unter denen, die durch den Glauben an mich geheiligt sind.** Apostelgeschichte 26:17+18

Auch euch hat er auferweckt, die ihr tot wart in euren Vergehungen und Sünden, in denen ihr einst wandeltet gemäß dem Zeitlauf dieser Welt, gemäß dem Fürsten der Macht der Luft, des Geistes, der jetzt in den Söhnen des Ungehorsams wirkt. Epheser 2:1+2

... und gebt dem Teufel keinen Raum! Epheser 4:27

Martin Luther, wie viele andere Kirchenväter, stimmte mit den Schriften überein und schrieb Folgendes in seiner grundlegenden Lehrschrift, dem großen Katechismus:

Deshalb müssen wir Christen darauf gerüstet und täglich dessen gewärtig sein, dass wir ohne Unterlass angefochten werden ... Denn er ist ein solcher Feind, der niemals ablässt und müde wird; wenn eine Anfechtung aufhört, erheben sich immer andere und neue ... Im Griechischen heißt das Sätzchen so: »Erlöse oder behüte uns von dem Argen oder Bösen«, und es sieht gerade so aus, als rede [das Vaterunser hier] **vom Teufel, wie wenn alles zusammengefasst werden sollte: dass der gesamte Inhalt des ganzen Gebetes wider diesen unseren Hauptfeind gehe... [Betonung hinzugefügt] Nichtsdestoweniger ist darin aber auch mit eingeschlossen, was uns Böses unter des Teufels Reich widerfahren kann: Armut, Schande, Tod, und kurz, all der unselige Jammer und Herzeleid, das es auf Erden so unzählig viel gibt. Denn der Teufel ist nicht nur ein Lügner, sondern auch ein Mörder. Er wird niemals aufhören, zu versuchen uns zu töten, und lässt seine Wut an uns aus, indem er alles tut, um uns in Unfällen zu verletzen und uns körperliche Schmerzen zuzufügen. Auf diese Weise schafft er es, so vielen das Genick zu brechen und andere in den Wahnsinn zu treiben. Manche ertränkt er und viele drängt er in den Selbstmord und noch andere schreckliche Übel ...**[17]

17 Friedemann Hebart, trans., Luther's Large Catechism (Adelaide, Australia: Lutheran Publishing House, 1983), 159-160.

So sehr Lutheraner auch den Reformer Martin Luther verehren, seine Grundwahrnehmung des Bösen, dem Teufel, ist nicht mehr allen Kirchenmitgliedern bekannt. Aber seine Einsichten basieren auf der Bibel, und er erlebte die Realität seiner Lehren. Sobald jemand mit dem Heiligen Geist gefüllt ist, ist er für die Missionsarbeit bereit und freigesetzt. Dies zieht aber auch den Kampf mit den unheiligen Geistern Satans nach sich.

Die sofortige Gegenoffensive

2003 überraschte uns Gott in einem Gottesdienst mit dem Gastprediger Gemechis Desta Buba, einem lutherischen Pastor aus Äthiopien. Ohne irgendeine vorherige Erklärung erkannte ich, dass sich dieser Gottesdienst von allen anderen unterschied, die ich bisher besucht hatte. Der Raum war voll mit der Atmosphäre der Gegenwart Gottes. Sie war fast greifbar und hatte Auswirkungen.

Eines unserer langjährigen Gemeindemitglieder saß in einer Bank und war unglücklich. Seine Frau hatte nicht nur Druck auf ihn ausgeübt, damit er den Gottesdienst besuchte. Auch spürte er neben dem Ärger, dass sich etwas in seinem Innersten zu rühren begann. Ein Dämon manifestierte sich. Dies beunruhigte ihn gewaltig. Er hatte sich immer gegen die Manifestationen des Heiligen Geistes gesperrt und versucht, Ihn auf Armeslänge von sich fernzuhalten. Aber jetzt setzte ihm ein unheiliger Geist zu und übernahm die Kontrolle mit Wutanfällen und Selbstmordgedanken. Der Mann wusste, er war nicht er selbst und fürchtete sich davor, einen Dämon in sich zu haben. Unterstützt durch prophetische Träume und viel Gebet erlebte er nach wenigen Tagen, wie er frei wurde.

Nach dieser Begebenheit fragte ich mich, wie ich dem Geschehenen einen Sinn geben konnte. Dieser Dämon musste schon lange Zeit in meinem Freund und Gemeindemitglied gewesen sein und schien mit der Verstrickung seiner Familie in dem Freimaurertum zu tun zu haben. Warum hatte er sich nicht schon früher manifestiert? Mir wurde klar, dass die ungewöhnliche Intensität der Gegenwart Gottes den Dämon gezwungen hatte, „sich zu enttarnen."

Gewöhnlich bevorzugen unreine Geister es, in Menschen verborgen zu bleiben, um sich so nicht dem Risiko der Konfrontation auszusetzen. Dies stimmt mit Satans üblicher Strategie überein, die Gedanken sündiger Menschen zu verblenden. Satan will nicht, dass diese ihre Sünden erkennen, die es ihm erlauben, in ihrem Leben Fuß zu fassen (siehe 2. Korinther 4:4; 11:14+15; Hebräer 3:13). Aber kein Dämon kann das verstärkte Eindringen der heiligen Gegenwart Gottes aushalten. Heilige Kraft bereitet dem Dämon extremes Unbehagen. Als Folge gibt er sich zu erkennen, um eine letzte Gegenmaßnahme zu treffen und sich der Vertreibung zu widersetzen. Voller Verzweiflung mag er versuchen, den menschlichen Wirt einzuschüchtern und der Autorität des Namens Jesu zu widerstehen. Doch seine Enthüllung ist schon ein Zeichen der Schwäche und verspricht unmittelbaren Sieg.

Jesu Dienst war von solchen Begegnungen gekennzeichnet. Dämonen reagierten auf Seine Gegenwart und Autorität, indem sie aufschrieen und sich in Menschen manifestierten. Dazu zwei biblische Beispiele:

> **Und sie erstaunten sehr über seine Lehre; denn er lehrte sie wie einer, der Vollmacht hat, und nicht wie die Schriftgelehrten. Und sogleich war in ihrer Synagoge ein Mensch mit einem unreinen Geist; und er schrie auf und sagte: Was haben wir mit dir zu schaffen, Jesus, Nazarener? Bist du gekommen, uns zu verderben? Ich kenne dich, wer du bist: der Heilige Gottes.** Markus 1:22-24

Als aber die Sonne unterging, brachten alle, die an mancherlei Krankheiten Leidende hatten, sie zu ihm; er aber legte jedem von ihnen die Hände auf und heilte sie. Und auch Dämonen fuhren von vielen aus, indem sie schrieen und sprachen: Du bist der Sohn Gottes.

Lukas 4:40+41

Je mehr ich diese Dynamik verstand, desto mehr geriet ich außer Fassung. Bei dem Gottesdienst mit Pastor Gemechis konfrontierte und zwang die Heiligkeit Gottes den Dämon in unserem Gemeindemitglied, „seine Tarnung aufzugeben." Warum war dies nicht schon eher geschehen? Jahrelang hatte diese Person unsere wöchentlichen Gottesdienste besucht. Warum hatte dieser Dämon in jedem von mir geleiteten Gottesdienst bequem schlafen können? Das forderte mich heraus, denn ich erkannte, dass mir geistliche Autorität und Vollmacht fehlten. Ein neues Verlangen wuchs in mir. Ich wollte einen stärkeren Dienst, der die dämonischen Festungen in Aufregung versetzen sollte.

In einer Bibelpassage sagte ein böser Geist zu einigen Männern: „Jesus kenne ich, und von Paulus weiß ich. Aber ihr, wer seid ihr?" (Apostelgeschichte 19:15) Dieser böse Geist war Paulus nie selbst begegnet, kannte aber dessen Namen und Stand. Ich dachte, es sei großartig, wenn die Dämonen eines Tages auch meinen Namen kennen und die Autorität respektieren würden, die ich als ein Diener Jesu ausübte. Denn zur Zeit des Besuches von Pastor Gemechis fragten sie mich noch: „Aber wer bist du?"

Im Laufe der Jahre erfüllte mir Gott meine Herzenswünsche und Dämonen manifestierten sich in meinen Predigt- und Gebetsdiensten. Gott gewährte mir ein größeres Maß an Kraft, und Dämonen brachten sogar höfliche Kirchenbesucher dazu, aufzustehen und meiner Predigt zu widersprechen – besonders, wenn ich Jesu Sieg über den Satan verkündigte.

Manchmal manifestierten sich Dämonen ohne große Vorarbeit. Aber zu anderen Zeiten reagierten die Dämonen auf Glaubenswachstum und größerer Nähe zu Jesus. Einmal hatten wir eine Familie zum Abendessen eingeladen. Als die Mutter an mir vorbei ging, hatte ich das plötzliche Wissen um einen Dämon in ihr. Auf diese Art der Offenbarung war ich nicht vorbereitet. Es handelte sich um eine gesellschaftliche Verabredung, und ich hatte keine vorherige Erfahrung mit solch einer prophetischen Eingebung gemacht (siehe 1. Korinther 12:8). Aber die Offenbarung erwies sich als richtig.

Nicht lange Zeit danach kam diese Frau zur Seelsorge zu uns und begann, sich mit ihrem vergangenen Leben und ihren Sünden auseinander zu setzen. Gott forderte sie auf, ihre Kontrolle abzugeben und Ihm zu überlassen. Als sie ihre Ängste bezüglich des Vertrauens zu Gott mitteilte, ermutigte ich sie, Gott um ein Zeichen zu bitten. Dies kam bald in Form eines Traumes zu ihr. Sie träumte, sie fiele von einem hohen Gebäude und sah dem Tode ins Auge, doch im letzten Moment rettete Jesus sie. Langsam rückte sie naher an Jesus heran, mit dem Ergebnis neuer und seltsamer Erfahrungen im Gottesdienst.

Plötzlich wurde der Name Jesus für sie in der Gemeinde unerträglich. Immer, wenn er im Gesang, im Gebet oder in der Predigt erwähnt wurde, kam sie in Rage und wollte aus dem Gebäude laufen. Das war ihr peinlich. Aber dies sind klassische Symptome eines unsauberen Geistes, der schließlich an die Oberfläche kommt und einen letzten verzweifelten Versuch unternimmt, der Macht Jesu und der Austreibung zu widerstehen. Es gab auch einen starken Drang zum Selbstmord und buchstäbliche Finsternis vernebelte ihre Sicht. Langsam verstand sie, was mit ihr geschah, aber bis jetzt ist sie noch nicht freigekommen. Anstatt sich auf den Kampf einzulassen und den Sieg durch Jesus zu erhalten, wandte sie sich vom Glauben ab.

Sie dachte, weniger Beschäftigung mit Jesus würde den Dämon wieder beruhigen. Aber das geschah nicht.

Nicht jeder muss mit einem Dämon kämpfen, aber das allgemeine Prinzip trifft auf alle Christen zu. Sobald wir näher zu Jesus kommen, werden wir entdecken, die Mächte der Finsternis geben keinen Boden kampflos auf. Sucht man mehr vom Heiligen Geist, gibt sich der Heiligkeit hin oder verliebt sich mehr in Gott, wird man Widerstand in irgendeiner Form geistlichen Druckes erfahren. Beispielsweise mag es eine neue Welle von Versuchungen oder Umständen geben, die sich gegen deinen Frieden in Gott verschwören.

Ein Prediger gab diese durchgängige Beobachtung weiter: „Menschen besuchten Versammlungen, in denen die Herrlichkeit Gottes auf sie herabkam, alles die Handschrift Gottes trug und Körper gestärkt wurden. Am nächsten Morgen wurden sie von der Macht Satans angegriffen."[18]

Ebenso bestätigt die Bibel die üblichen zurückschlagenden Versuche des Feindes gegen jegliche Fortschritte des Reiches Gottes. Wie schon zuvor erwähnt, erfuhr Jesus die Taufe mit dem Geist und fand sich augenblicklich im Kampf gegen Satan wieder. Sofort stellte Satan die Bestätigung der Sohnschaft Jesu in Frage, die Er mit Seiner Geistestaufe bekommen hatte. Was auch immer Jesus mit dieser Taufe erhalten hatte, hinterfragte der Satan sofort bei einem Kampf in der Wüste mit Fasten und Versuchungen (siehe Lukas 3:21+22; 4:1-13).

Besondere Beispiele mit versuchten Rückschlägen findet man bei Mose, Elia und David. Es ist Satans übliche und anhaltende Strategie, jeden Durchbruch bei den Werken Gottes augenblicklich in Frage zu stellen. Als Mose Gott schließlich in

18 Smith Wigglesworth, Greater Works: Experiencing God's Power (New Kensington, PA: Whitaker House, 1999), 78.

Ägypten gehorchte und Pharao mit der Forderung auf Freisetzung der israelischen Sklaven, Gottes Volk, entgegentrat, bestand der aggressive Rückschlag in der zunehmenden Arbeit der Sklaven. Pharao reagierte, indem er seinen Sklaventreibern befahl: „Ihr sollt dem Volk nicht mehr wie bisher Häcksel zur Anfertigung der Ziegel liefern! … Die Arbeit soll schwer auf den Männern lasten, damit sie daran zu schaffen haben und nicht auf trügerische Reden achten." (2. Mose 5:7-9)

Zehn Plagen des Gerichts waren im ganzen Land notwendig, bevor Pharao schließlich Gott nachgab und die Israeliten aus Ägypten ausziehen ließ. Der letzte Durchbruch war besonders entscheidend. Alle Ägypter, einschließlich des Pharao, beklagten den Tod ihrer erstgeborenen Söhne. Zuletzt erwies sich die Macht Gottes zu stark für den Pharao. Die Ägypter drängten die Israeliten zur Eile, um ihr Land zu verlassen (siehe 2. Mose 12:31-33). Die ehemaligen Sklaven mussten nicht einmal mit leeren Händen gehen, sondern erhielten Silber und Gold von den Ägyptern, als hätten „sie die Ägypter ausgeplündert" (2. Mose 12:36).

Trotzdem war dieser letzte entscheidende Durchbruch immer noch nicht das Ende der Versuche des Feindes, zurückzuschlagen. Man hätte es verstanden, wenn die Israeliten sich voll Freude über ihren vermeintlichen Sieg nun entspannt hätten. Sie genossen jetzt ihre Freiheit und das reichliche Plündergut. Gott hatte Seine erhabene Macht erwiesen, indem Er die erstgeborenen Söhne ihrer Feinde dem Tod übergeben hatte. Sie schienen nichts mehr befürchten zu müssen. Die Ägypter waren froh, sie gehen zu sehen.

Doch war die Freude nur von kurzer Dauer. Und dieses Mal verschlimmerte der Rückschlag nicht nur ihre Lage, sondern ihre Vernichtung stand bevor. Pharao hatte seine Meinung geändert und entschieden, die Israeliten zu verfolgen. Sie waren zwischen seiner Armee und dem Roten Meer in die Falle geraten. Voller

Verzweiflung schrieen die Israeliten zu Mose: „Es wäre besser für uns, den Ägyptern zu dienen, als in der Wüste zu sterben" (2. Mose 14:12). Aber Gott befreite sie, indem Er das Wasser teilte und ihnen einen sicheren Weg durch das Rote Meer gewährte. Darüber hinaus ertränkte Er die ägyptische Armee im selben Wasser, als sie den Israeliten in das Meer folgte. Nicht einer von diesen überlebte (siehe 2. Mose 14:21-28). Nach diesem Sieg gab es keine weiteren Rückschlagsversuche von den Ägyptern mehr. Dennoch hatte es lange Zeit gebraucht, diesen Feind ohne beständige Rückwirkungen zu schlagen.

Der Prophet Elia konfrontierte den Götzendienst von König Ahab und seiner Frau Isebel und erfuhr ebenso beständige Rückschläge nach erstaunlichen Siegen. Als sie die Diener des Herrn töteten, lud Elia die ganze Nation auf den Berg Karmel ein. Es sollte eine Machtprobe zwischen ihm und 450 Baalspropheten stattfinden. Beide Parteien waren aufgefordert, einen Stier zu opfern und den Namen ihres Gottes anzurufen, damit dieser das Feuer des Brandopfers entzündete. Elia verspottete die Baalspropheten und verhöhnte ihre Gebete, denn ihnen wurde nicht geantwortet.

Dann übergoss er seinen Stier mit Wasser und betete. Daraufhin verzehrte das Feuer des Herrn nicht nur das Opfer, sondern auch die Altarsteine. König Ahab und die ganze Nation Israel waren Zeugen der erhabenen Macht des Herrn und wandten sich gegen den Götzendienst und die Baalspropheten, die Elia anschließend mit dem Schwert tötete. Der krönende Höhepunkt kam, als auf das Wort Elias und sein Gebet hin, die dreijährige Trockenheit beendet wurde und Regen das Land erfrischte (siehe 1. Könige 18).

Wahrscheinlich dachte Elia, dass dieser Sieg so eindeutig war, dass er bleibende Wirkungen haben musste. Der Götzendienst Ahabs und Isebels würde von der Nation Israel verschwinden. Er hatte den mächtigen Wettstreit auf dem Berg Karmel gewonnen. 450 Baalspropheten waren tot. Vor dem König und der ganzen Nation hatte Gott Wunder getan und Sich dadurch Ehre gebracht.

Leider reichte dies nicht aus. Ein weiterer Rückschlagsversuch geschah durch Isebel, indem sie Elia mit dem Tod bedrohte. Und „Elia hatte Angst und rannte um sein Leben" (1. Könige 19:3). Nach der ganzen Heftigkeit auf dem Berg Karmel brach der Prophet unter dem erneuten Angriff zusammen und lief voller Verzweiflung in die Wüste. Er wollte sterben. Schließlich wurde er wiederhergestellt, und bleibender Sieg kam zu Gottes Zeit. Aber dieser Vorgang ist nicht ungewöhnlich. Der Feind versucht immer, nach einem geistlichen Durchbruch zurückzuschlagen. Und sogar nach erstaunlichen Siegen bleiben da hartnäckige Rückschläge. Als Christen müssen wir dies wissen und darauf vorbereitet sein.

Dasselbe galt für König David. Bevor er zum König gekrönt wurde, hatte er es jahrelang mit feindlichen Armeen zu tun. Und seine Krönung war noch nicht das Ende der Opposition. Ein anderer sofortiger Rückschlag geschah. Zweimal forderte die volle Kraft einer feindlichen Armee seine neugegründete Autorität heraus:

> **Und als die Philister hörten, dass man David zum König über Israel gesalbt hatte, da zogen alle Philister herauf, um David zu suchen. Und David hörte es und zog in die Bergfeste hinab ... Da kam David nach Baal-Perazim, und David schlug sie dort. ... Und die Philister zogen noch einmal herauf ... Da machte David es so, wie der HERR ihm geboten hatte. Und er schlug die Philister von Gibeon an, bis man nach Geser kommt.**
>
> 2. Samuel 5:17-25

Davids Erfahrung zeigt wiederum, dass geistliche Gegenoffensiven sofort erfolgen, weil der Feind versucht, verlorenen Boden wiedergutzumachen. Gott hatte David zum König berufen, aber es gab beständige Gegenwehr.

Ein letztes Beispiel ist Jesu eigene Erfahrung von erstaunlicher Vollmacht in der Krankenheilung, auf die aber nur mit sinnlosen Untersuchungen reagiert wurde. Jesus berührte die Kranken nicht einmal mehr. Die Gegenwart des Geistes auf Ihm ergoss sich über Seine Kleidung, und jede Berührung mit dem Saum Seines Gewandes bedeutete für die Kranken vollkommene Heilung. Trotzdem waren die religiösen Autoritäten immer noch nicht zufrieden und überprüften die Taten Jesu, indem sie Ihn eher mit Rückfragen über Vorschriften des Händewaschens konfrontierten, als Seine königliche Vollmacht anzunehmen:

Und als die Männer jenes Ortes ihn erkannten, schickten sie Boten in jene ganze Umgegend und brachten alle Leidenden zu ihm; und sie baten ihn, dass sie nur die Quaste seines Gewandes anrühren dürften; und alle, die ihn anrührten, wurden völlig geheilt. Dann kommen Pharisäer und Schriftgelehrte von Jerusalem zu Jesus und sagen: Warum übertreten deine Jünger die Überlieferung der Ältesten? Denn sie waschen ihre Hände nicht, wenn sie Brot essen.

Matthäus 14:35 - 15:2

Das Wort als Waffe

Oft erleben wir als Christen, dass uns jeder durch den Heiligen Geist gegebene Fortschritt im Reich Gottes in einen Kampf führt. Dann stehen wir unheiligen Geistern gegenüber, die sofortige Rückschläge inszenieren, um verlorenen Boden zurückzugewinnen. Dennoch verheißt uns Gott einen bleibenden Sieg. Die Kämpfe müssen uns nicht ängstigen. Neuer Boden bleibt nicht für immer umkämpft. Jedoch ist da die Frage, mit welchen Waffen wir denn kämpfen. Wie können wir die Schlacht gewinnen? Dieses Thema ist umfassend. Aber ich will in diesem Kapitel nur einen kleinen Überblick verschaffen und mich dann nur auf eine Besonderheit im Kampf konzentrieren.

Die grundlegendste Tätigkeit und Waffe im geistlichen Kampf ist Gebet. Das Bild von Mose, dessen Arme im Gebet erhoben bleiben mussten, ist beispielhaft für den Sieg über die Feinde Israels: „Und es geschah, wenn Mose seine Hand erhob, dann hatte Israel die Oberhand, wenn er aber seine Hand sinken ließ, dann hatte Amalek die Oberhand." (2. Mose 17:11)

Die Gebete für den Sieg können einfach aus Lobpreisliedern bestehen, wie im folgenden Fall aufgezeigt:

Und er beriet sich mit dem Volk und stellte Sänger für den Herrn auf, die Loblieder sangen in heiligem Schmuck, indem sie vor den zum Kampf Gerüsteten auszogen und sprachen: Preist den Herrn, denn seine Gnade währt ewig! Und zu der Zeit, da sie mit Jubel und Lobgesang anfingen, legte der Herr einen Hinterhalt gegen die Söhne Ammon, Moab und die vom Gebirge Seïr, die gegen Juda gekommen waren; und sie wurden geschlagen. 2. Chronik 20:21+22

Weitere Waffen sind: Der Name Jesus, Sein Blut und das Zeugnis der Wahrheit:

Paulus aber wurde unwillig, wandte sich um und sprach zu dem Geist: Ich gebiete dir im Namen Jesu Christi, von ihr auszufahren! Und er fuhr aus zu derselben Stunde. Apostelgeschichte 16:18

Und sie haben ihn überwunden wegen des Blutes des Lammes und wegen des Wortes ihres Zeugnisses ... Offenbarung 12:11

Die Bibel führt Weiteres bei der Waffenrüstung eines Christen für den Kampf auf:

Deshalb ergreift die ganze Waffenrüstung Gottes, damit ihr an dem bösen Tag widerstehen und, wenn ihr alles ausgerichtet habt, stehen bleiben könnt! So steht nun, eure Lenden umgürtet mit Wahrheit, bekleidet mit dem Brustpanzer der Gerechtigkeit und beschuht an

den Füßen mit der Bereitschaft zur Verkündigung des Evangeliums des Friedens! Bei alledem ergreift den Schild des Glaubens, mit dem ihr alle feurigen Pfeile des Bösen auslöschen könnt! Nehmt auch den Helm des Heils und das Schwert des Geistes, das ist Gottes Wort! Mit allem Gebet und Flehen betet zu jeder Zeit im Geist, und wachet hierzu in allem Anhalten und Flehen für alle Heiligen.

Epheser 6:13-18

Außer dem anhaltenden Gebet sind Christen von der wehrhaften Kraft der Wahrheit, der Gerechtigkeit, des Friedens und des Glaubens abhängig. Aber es gibt auch eine offensive Waffe, das Wort Gottes, welches nichts anderes ist, als „das Schwert des Geistes."

Ich möchte noch ein paar weitere Hinweise zum „Schwert des Geistes" anfügen. Wir brauchen diese Waffe. Seine Wichtigkeit kann nicht überbetont werden. Das Wort Gottes und die Genauigkeit unseres diesbezüglichen Verständnisses bestimmen, ob wir gegen die Mächte der Finsternis gewinnen oder verlieren. Satan kann nur in Menschen Fuß fassen und sie zum Sündigen verleiten, wenn sie einer Lüge glauben. Die Schlacht um eine Sünde beginnt immer in den Gedanken. Denn es ist immer das Säen eines sündigen Gedankens, das die sündige Tat erntet. Deshalb hat Neil Anderson in seinem Handbuch zum geistlichen Kampf betont: „Satan ist ein Lügner und Betrüger, und er kann nur Macht über dich gewinnen, wenn du seinen Lügen glaubst."[19]

Die erste Sünde des Menschen wurde durch eine Lüge herbeigeführt. Adam und Eva glaubten der Schlange, als diese ihnen sagte: „Esst die verbotene Frucht. Dies ist ungefährlich und wird euch wie Gott machen" (1. Mose 3:4+5 frei formuliert). Jesus erklärte auch, dass manche Menschen „[das Wort Gottes] hören. Dann kommt der Teufel und entfernt das Wort aus ihren Herzen, damit sie nicht glauben und gerettet werden können." (Lukas 8:12)

19 Neil Anderson, The Steps to Freedom in Christ (Ventura, CA: Gospel Light, 2001), 1.

Sobald Menschen das Wort Gottes geraubt wird, können sie nicht länger glauben. Denn sie wissen nicht mehr, was richtig ist zu glauben.

Satans Hauptstrategie ist, „den Ungläubigen des Sinn zu verblenden" (2. Korinther 4:4; siehe auch Epheser 2:2). Deshalb müssen die göttlichen Waffen gegen ihn seine Argumente und Behauptungen vernichten:

> **... denn die Waffen unseres Kampfes sind nicht fleischlich, sondern mächtig für Gott zur Zerstörung von Festungen; so zerstören wir überspitzte Gedankengebäude und jede Höhe, die sich gegen die Erkenntnis Gottes erhebt, und nehmen jeden Gedanken gefangen unter den Gehorsam Christi.** 2. Korinther 10:4+5

Sobald jeder Gedanke gemäß der Wahrheit gefangen genommen ist und Jesus untergeordnet wird, steht der Sieg bevor. Denn nur das richtige Verständnis der Wahrheit lässt uns erkennen, wie nötig wir Jesus haben.

Aber das Wort Gottes als „das Schwert des Geistes" erreicht viel mehr als die Klarstellung der göttlichen Wahrheit. Als eine Waffe des Geistes kommt das Wort Gottes mit kreativer Macht und kraftvollen Bestätigungen seines göttlichen Ursprungs. Wir siegen über Satans Lügen mit der Wahrheit des Wortes Gottes und mit der Kraft, die mit diesem Wort durch den Heiligen Geist hervorkommt. So geht es in unserer Auseinandersetzung mit den Mächten der Finsternis zugleich um einen Konflikt der Wahrheit und Kraft.

In meiner Seminarausbildung lernte ich, dass geistlicher Kampf ein Kampf um die Wahrheit ist. Der Gedanke bestand darin: Alles Wahre kommt von Gott und wird sich durchsetzen. Jedoch ist geistlicher Kampf nicht nur eine Auseinandersetzung um die Wahrheit, denn jeder, der nur mit der Wahrheit ausgerüstet ist, ohne den Heiligen Geist, kann die Dämonen Satans nicht schlagen.

Einige unvorbereitete Gläubige versuchten es in der Bibel, wurden aber von dem Dämon angegriffen. Er „bezwang sie miteinander und überwältigte sie, so dass sie nackt und verwundet aus jenem Haus entflohen" (Apostelgeschichte 19:16).

Das Wort Gottes muss mit dem Geist verbunden werden, denn nur als das Schwert des Geistes ist es eine mächtige Waffe. Diese Wahrheit kann man auch anhand zahlreicher Bibelstellen bestätigen. Folgende klare Aussagen sind dabei wichtig:

1. Das Wort hat ohne den Geist keine Kraft.

... in seinem Namen Buße zur Vergebung der Sünden gepredigt werden allen Nationen ... Ihr aber, bleibt in der Stadt, bis ihr bekleidet werdet mit Kraft aus der Höhe! Lukas 24:45-49

... denn unser Evangelium erging an euch nicht im Wort allein, sondern auch in Kraft und im Heiligen Geist und in großer Gewissheit ...indem ihr das Wort in viel Bedrängnis mit Freude des Heiligen Geistes aufgenommen habt ... 1. Thessalonicher 1:5+6

Siehe auch Apostelgeschichte 1:48; 2. Timotheus 3:5; Sacharja 4:4.

2. Der Geist handelt nicht ohne das Wort.

... dass von jeher Himmel waren und eine Erde, die aus Wasser und durch Wasser Bestand hatte, und zwar durch das Wort Gottes. 2. Petrus 3:5

... und trägt alle Dinge durch das Wort seiner Kraft. Hebräer 1:3

Die Worte, die ich zu euch rede, sind Geist und sind Leben. Johannes 6:63

Während Petrus noch diese Worte redete, fiel der Heilige Geist auf alle, die das Wort hörten. Apostelgeschichte 10:44

... denn ihr seid wiedergeboren ... durch das lebendige Wort Gottes ...
1. Petrus 1:23-25

Und ich will dir die Schlüssel des Reiches der Himmel geben; und was du auf Erden binden wirst, das wird im Himmel gebunden sein; und was du auf Erden lösen wirst, das wird im Himmel gelöst sein.
Matthäus 16:19

... sondern sprich nur ein Wort, so wird mein Knecht gesund werden!
Matthäus 8:8

... er trieb die Geister aus mit einem Wort und heilte alle Kranken ...
Matthäus 8:16

Siehe auch 1. Mose 1:1-25; Psalm 107:20; Jesaja 55:10-11; Markus 7:33-35; Lukas 8:4-15; Johannes 20:22-23; Apostelgeschichte 6:7; 12:24; 19:20; Epheser 5:26; 6:17; Philipper 2:15-16; Kolosser 1:6; 1. Thessalonicher 1:5-6:13; 1. Timotheus 4:5; 2. Timotheus 4:1-2; Titus 1:3; Hebräer 4:12; Jakobus 1:18; Offenbarung 19:11-16.

3. Der Geist bestätigt das Wort mit Kraft.

Wenn ich sie aber tue, so glaubt den Werken, wenn ihr auch mir nicht glaubt, damit ihr erkennt und versteht, dass der Vater in mir ist und ich in dem Vater! Johannes 10:38

... hört diese Worte: Jesus, den Nazoräer, einen Mann, der von Gott euch gegenüber erwiesen worden ist durch Machttaten und Wunder und Zeichen, die Gott durch ihn in eurer Mitte tat, wie ihr selbst wisst ...
Apostelgeschichte 2:22

... dem Herrn, der dem Wort seiner Gnade Zeugnis gab, indem er Zeichen und Wunder geschehen ließ durch ihre Hände.

Apostelgeschichte 14:3

Jene aber zogen aus und predigten überall, während der Herr mitwirkte und das Wort durch die darauf folgenden Zeichen bestätigte. Markus 16:20

Siehe auch Johannes 14:11+12; Apostelgeschichte 4:29-30; 8:6; Römer 15:18+19; 1. Korinther 2:1-5; 4:20; Galater 3:5; Hebräer 2:3+4.

Beim Widerstehen gegen die Rückschlagsversuche des Bösen ist nichts wirkungsvoller als das Wort. Ruht der Geist auf dem Wort, liegt Kraft in der Verkündigung der Wahrheit. So wurde die Welt aus dem Nichts heraus geschaffen und sogar Sünden können vergeben werden. Zeichen und Wunder folgen und bestätigen das Wort. Ohne den Geist hat das Wort keine Kraft; aber als ein Werkzeug des Geistes ist es ein Schwert – eine mächtige Waffe.

Der Kampf um die Erfahrung

Das Schwert des Geistes ist eine sehr praktische Waffe. Man kann sie entgegen eines der gängigsten Missverständnisse bezüglich der Erfüllung und Wiedererfüllung mit dem Geist und Seiner Kraft anwenden. Im Gegensatz zu anfänglichen Erfahrungen und deshalb oftmals falschen Auffassungen, spüren wir nicht immer die Kraft des Geistes. Nicht jedes Mal empfinden wir tiefe Gefühle bei der Ermächtigung.

Die erstmalige Taufe mit dem Geist war für Jesus und die Jünger eine großartige Erfahrung. Ebenso scheinen Christen heute zu wissen, wann ihre erste Erfüllung mit dem Geist geschah.

So schreibt Martyn Lloyd-Jones mit Zuversicht über die Erfahrung des Geistes:

> **Die Taufe mit dem Heiligen Geist [die anfängliche Erfüllung mit dem Heiligen Geist] ist immer klar und unverkennbar. Es kann von der Person erkannt werden, die dies erlebt und von anderen, die diese Person anschauen ... Im Wesentlichen wird sie bewusst erlebt, ist erfahrbar, offensichtlich, deutlich und klar; nicht nur für den Empfänger, sondern auch für jene, die ihm nahe stehen ... Es ist mir nicht wichtig, irgendetwas Spektakuläres zu betonen, obwohl wir dieses sagen müssen: Im Neuen Testament war es höchst eindrucksvoll ... für sie ... das Erstaunlichste, das ihnen je begegnet war. Jeder vermittelte Eindruck, dies wäre etwas Ruhiges, Maßvolles und fast nicht Wahrgenommenes, scheint mir dem nahe zu kommen, was die Apostel mit „den Geist dämpfen" bezeichnen.**[20]

Die biblischen Belege unterstützen Martyn Lloyd-Jones und seine Bestätigungen beeindruckender Erfahrungen. Für manche kam der Heilige Geist mit einem Geräusch, wie das Wehen eines heftigen Windes, Feuerzungen, und Sprechen in unbekannten Zungen (siehe Apostelgeschichte 2:1-4). Andere erfuhren den Ausbruch eines plötzlichen Lobpreises, prophetischer Worte und Sprechen in Zungen (siehe Apostelgeschichte 10:44-46; 19:6; 1. Thessalonicher 1:5+6). Bei einer Gelegenheit kam der Geist mit einer solch sichtbaren Kraft auf eine ganze Versammlung, dass der Prediger seine Botschaft unterbrach (siehe Apostelgeschichte 10:44-46). In einem anderen Fall nahm der Apostel Paulus sogar die Erfahrungen seiner Bekehrten als Beweis für seine richtige Lehre. Er schrieb:

> **Nur dies will ich von euch wissen: Habt ihr den Geist aus Gesetzeswerken empfangen oder aus der Kunde des Glaubens? Der**

20 D. Martyn Lloyd-Jones, Joy Unspeakable: The Baptism and Gifts of the Holy Spirit (Eastbourne, UK: Kingsway Publications, 1984), 52-54.

euch nun den Geist darreicht und Wunderwerke unter euch wirkt, tut er es aus Gesetzeswerken oder aus der Kunde des Glaubens?

Galater 3:2+5

Die jungen Christen um Paulus sollten aufgrund ihrer Erlebnisse mit dem Geist beurteilen, ob seine Lehre richtig war oder nicht. Heute würde es kaum jemand wagen, einen theologischen Sachverhalt so zu klären. Aber dies beinhaltet eine ziemlich positive Beurteilung der christlichen Erfahrung und erklärt die Erwartung für gültig, dass der Geist unsere Sinne und Gefühle weiterhin berühren wird. Gott gießt weiterhin Seine Liebe in unsere Herzen durch den Heiligen Geist (siehe Römer 5:5; siehe auch Galater 5:22+23), und Er versichert uns unserer Sohnschaft mit der Empfindung des Hörens Seiner Stimme, denn „der Geist selbst bezeugt zusammen mit unserem Geist, dass wir Kinder Gottes sind" (Römer 8:16).

Aber es gibt da noch eine andere Seite der christlichen Nachfolge. Ohne jegliche vorangegangene Erklärung zu minimieren oder abzuwerten, ist es abwegig, das gesamte christliche Leben auf Erfahrungen zu gründen. Watchman Nee warnt wiederholt:

... Der Gefühlsbereich in der Seele kann auch leicht vom Feind entfacht werden. Da viele Gläubige sich nach Glücksgefühlen und der Empfindung den Heiligen Geist zu haben, der Lieblichkeit des Herrn Jesus und der Gegenwart Gottes, sehnen, versehen böse Geister ihre Sinne mit vielen seltsamen Erlebnissen. So werden ihre natürlichen Wahrnehmungskräfte stimuliert und die stille und leise Stimme des Heiligen Geistes, die nur durch innere Feinfühligkeit bemerkt werden kann, wird unterdrückt ...[21]

Dies sind Worte der Weisheit. Nicht jede geistliche Erfahrung ist von Gott; gelegentlich „nimmt der Satan selbst die Gestalt eines Engels des Lichts an" (2. Korinther 11:14). Gefühle, Ergriffenheiten

21 Watchman Nee, The Spiritual Man (New York: Christian Fellowship Publishers, 1977), Volume I, 177.

und Sinneseindrücke müssen immer überprüft und anhand des Maßstabes der Bibel gemessen werden (siehe Matthäus 7:15-20; Apostelgeschichte 17:11; 1. Korinther 4:6; Galater 1:8+9).

Des Weiteren gibt es trockene Zeiten, wenn Gott Christen den Trost, Ihn zu erleben, entzieht. Jesus erlebte die herrlichste Zeit, als Er mit dem Heiligen Geist getauft wurde (siehe Lukas 3:21+22). Er teilte unsere Menschlichkeit und muss den fühlbaren Beweis der Liebe Gottes genossen haben. Diese göttliche Begegnung war erstaunlich. Er sah den Geist und hörte die vernehmbare Stimme von Gott dem Vater. Aber die emotionale Höhe setzte sich nicht fort – Entbehrungen bahnten sich den Weg, als Er für vierzig Tage durch den Geist in die Wüste geführt wurde (siehe Lukas 4:1+2).

Jesus blieb voll des Heiligen Geistes, aber ging in eine Zeit, in welcher beschwingte Gefühle mit Hunger und Versuchungen ersetzt wurden. Jesus wurde schwach, und der Teufel versuchte, Seine angespannte Gemütsverfassung auszunutzen. Er sagte: „Jesus, als Sohn Gottes solltest du dich nicht so schlecht und hungrig fühlen. Das ist nicht richtig und macht keinen Sinn. Verwandle diese Steine in Brot" (Lukas 4:3, frei formuliert). Wenig später argumentierte der Teufel wieder: „Deine Einsamkeit passt nicht zum Sohn Gottes. Bete mich an, und ich werde dir zu deiner Freude Macht geben (Lukas 4:6+7, frei formuliert). Ein weiteres Mal sagte der Teufel: „Jesus, warum solltest du dich so schlecht fühlen? Wenn du der Sohn Gottes bist, solltest du glücklichere Erlebnisse haben. Spring von einem öffentlichen Gebäude und freu dich an der Bewunderung" (Lukas 4:3, frei formuliert).

Die Strategie des Teufels wäre aufgegangen, wenn Jesus Seinen ganzen Glauben auf Gefühle gesetzt hätte. Trotz aller positiven Zusicherungen empfinden und spüren wir nicht immer den Geist, selbst wenn Er mit Kraft bei uns gegenwärtig ist. Jesus schlug den Teufel mit dem Schwert des Geistes, welches das Wort Gottes ist, und zitierte die Bibel gegen die Lügen Satans. Er führte die

Wahrheit gegen die verführerischen Lügen an – trotz Seiner Hungergefühle und Bedrängnisse. Beispielsweise gebrauchte Er 5. Mose 8:3 und sagte: „Es steht geschrieben: Nicht von Brot allein soll der Mensch leben, sondern von jedem Wort, das durch den Mund Gottes ausgeht" (Matthäus 4:4, siehe auch Lukas 4:4+8+12).

Wir sollen das Gleiche wie Jesus tun. So sind wir aufgerufen, von jedem Wort zu leben, was aus dem Mund Gottes hervorgeht und nicht von unseren Gefühlen. Zuvor hatte Jesus die wahrnehmbare Stimme Gottes bei Seiner Taufe mit dem Geist gehört und konnte sich auf weitere Erfahrungen mit derselben hörbaren Stimme bei Seinem zukünftigen Dienst (siehe Lukas 9:35; Johannes 12:28) freuen. Doch in der Wüste konnte Er nur zitieren, was Er aus den Schriften gelernt hatte. Manchmal kann das Wort Gottes mit vielen Inspirationen und erfrischenden Gefühlen zu uns kommen. Zu anderen Zeiten müssen wir jedoch auf das zurückkommen, was wir in der Vergangenheit gelernt haben, und der Bibel selbst in Trocken- und Durstperioden vertrauen.

Es kann einem auch nützen, wenn man leidet und positive Erfahrungen entzogen werden. Dies erbaut den Charakter und lenkt unsere Liebe eher auf Gott, als auf Seine Wohltaten. Madame Guyon war eine Frau, die sich an ihren Erfahrungen mit Gott während ihrer Gebete erfreuen konnte. Doch Gott entzog ihr den wunderbaren Geschmack göttlicher Erlebnisse und ließ sie sieben lange Jahre leiden. Danach überraschte Er sie mit einer noch tieferen Erfahrung Seiner Selbst statt nur Seiner Gaben. Sie schreibt in ihrer Autobiographie:

Ich fiel in einen Zustand der völligen Entbehrung, der fast sieben Jahre anhielt ... Dieser Zustand der Leere, Finsternis und Unfähigkeit ging viel weiter als jegliche Belastungen, denen ich zuvor begegnet war.[22]

22 Jeanne Guyon, Jeanne Guyon—An Autobiography (New Kensington, PA: Whitaker House, 1997), 97.

Daher dachte ich an nichts anderes, als meinen Tagen ein Ende zu bereiten. Ich hatte nicht die geringste Hoffnung, jemals wieder herauszukommen ... ich dachte, ich hätte die Gnade für immer verloren; auch die Errettung, welche uns diese bringt.[23]

Aber an diesem glücklichen Namenstag der Magdalena wurde meine Seele vollkommen von all ihren Schmerzen geheilt ... Ich war außer mir vor Freude, Ihn zu finden, von dem ich dachte, ich hätte Ihn für immer verloren. Er wandte sich mir wieder mit unaussprechlicher Herrlichkeit und Reinheit zu ... Alles, an dem ich mich zuvor erfreut hatte, war nur ein Frieden, eine Gabe Gottes gewesen, aber jetzt empfing und besaß ich den Gott des Friedens.[24]

Indem ich alle Gaben mit all ihrem Beistand verlor, fand ich den Geber ... Oh, arme Kreaturen, die ihr eure ganze Zeit darangebt, indem ihr euch von den Gaben Gottes nährt und dabei denkt, die geliebtesten und glücklichsten Menschen zu sein. Wie ich euch bemitleide, wenn ihr dort stehen bleibt, kurz vor der wahren Ruhe, und nicht weiter vorangeht zu Gott Selbst, durch den Verlust dieser geschätzten Gaben, dessen, was euch jetzt erfreut.[25]

Madame Guyons Entbehrungen sind im gereiften Leben eines Christen nicht unüblich. Nicht jeder mag sieben Jahre lang diese Trockenphase durchmachen müssen, aber es gibt Wüstenzeiten für jeden Gläubigen.

Ein weiterer Bericht stammt von Graham Cooke, der folgendes Wort in den späten 1970-ern bekam.[26] Gott sagte ihm: „Atme tief durch, denn in den nächsten zwei Jahren wirst du meine Gegenwart

23 Ebd., 116.

24 Ebd., 118.

25 Ebd., 120.

26 Graham Cooke, „Manifestation and Hiddenness", Predigtaudio.

nicht empfinden. Lerne diese Disziplin. In dieser Zeit werde ich dich keine emotionale oder körperliche Verbindung zu mir spüren lassen." Laut Grahams Worten brauchte es sechs Monate, bevor er aufhörte zu jammern. Er dachte, wenn er nur lang genug lamentierte, würde es Gott Sich anders überlegen. Aber das tat Er nicht. Er musste lernen und vertrauen, dass Gott gegenwärtig war, weil Er es sagte. Wenn er den Menschen die Hände auflegte, fielen sie oftmals zu Boden. Dennoch spürte er nichts dabei. Während großartiger Gottesdienste hat er selbst nichts erlebt.

Als er eines Tages auf Reisen war, nahm Graham eine leere Postkarte aus seiner Mappe, adressierte sie an Gott und schrieb ins Nachrichtenfeld: „Lieber Gott, ich wünschte, Du wärst hier. In Liebe, Graham." Er steckte die Karte in seine Bibel. Wenige Tage später ließ er seine Bibel unbeabsichtigt auf den Boden fallen, und die Karte fiel heraus. Er schaute sie an, das Nachrichtenfeld lag oben, und es stand darauf: „Lieber Graham, was lässt dich denken, ich wäre es nicht? In Liebe, Gott." Er hatte geschrieben: „Lieber Gott, ich wünschte du wärst hier. In Liebe, Graham." Jetzt schickte Gott die Botschaft zurück: „Lieber Graham, was lässt dich denken, ich wäre es nicht? In Liebe, Gott."

Graham schaute die Karte etwa fünf Minuten an und dann, gemäß seinem Bericht, sah er, wie sich die Worte wieder in seine Handschrift zurückverwandelten. Er spürte gar nichts. Eines Tages ging er um 23 Uhr zu Bett, als er plötzlich aufwachte und die Gegenwart Gottes den Raum wie mit einer Decke einhüllte. Er schaute zur Uhr und es war 24 Uhr – genau zwei Jahre später. Und Gott sagte: „Steh auf, Sohn. Wir haben einiges zu bereden."

Gott möchte das christliche Leben reich an Erfahrungen mit Ihm machen; aber gleichzeitig können wir nicht unsere gesamte christliche Nachfolge auf Empfindungen Seiner Güte gründen. Wenn Gott unsere Liebe zu Ihm prüft und uns von der

Annehmlichkeit glücklicher Emotionen entwöhnt, stützen wir uns auf das Schwert des Geistes, um die Wahrheit Seiner Treue zu bestätigen und den Kampf zu gewinnen![27]

27 Beachte auch Watchman Nee: „Wir wissen, dass uns der Herr zu Beginn unseres geistlichen Wandels normalerweise tröstet, wenn wir in Seinem Namen leiden. Er lässt den Ungläubigen Seine Gegenwart spüren, Sein lächelndes Gesicht sehen, Seine Liebe spüren und Seine Fürsorge erleben, um ihn vor der Ohnmacht zu bewahren. Wenn der Gläubige den Weg Christi erkennt und diesem folgt, gibt Er ihm gewöhnlich große Freude dabei. Obwohl er einen Preis für die Nachfolge des Herrn gezahlt hat, übersteigt die erhaltende Freude weit mehr, was er verloren hat. Somit gehorcht er Gottes Willen gerne. Aber der Herr erkennt hier eine Gefahr. Da das Kind Gottes Trost im Leiden erfahren hat und Freude bei der Beachtung Seines Weges, schaut es selbstverständlich nach solch einem Trost und solch einer Freude aus, wenn es das nächste Mal leidet, dem Willen des Herrn gehorcht oder bei anderen Dingen erwartet, dass ihm sofort durch Gottes Trost und Freude geholfen wird. So leidet oder tut es nicht völlig den Willen des Herrn um Jesu Willen allein, sondern auch um mit Trost und Freude belohnt zu werden. Ohne diese Krücken hat es keine Kraft, voranzugehen. Der Wille des Herrn unterliegt der Freude, die Er im Moment des Gehorsams gibt.

Gott erkennt, dass Sein Kind viel eifriger leiden will, wenn es getröstet wird, und gerne Seinem Willen folgt, wenn ihm Freude zuteil wird. Aber Gott wünscht jetzt, dass es seine Motivation erkennt: Ob es einzig um des Herrn willen leidet oder um des Trostes willen. Ob es Gottes Sinn beachtet, weil es beachtet werden sollte, oder weil es Freude erhält, wenn es diesen beachtet. Nachdem ein Christ deshalb geistlich voran geschritten ist, beginnt Gott den Trost und die Freude zu entziehen, welche Er dem Gläubigen zuvor in der Stunde des Leides und Gehorsams gegeben hat. Jetzt muss der Christ ohne jede Versorgung mit einer Annehmlichkeit von Gott leiden. Er leidet äußerlich, während er innerlich Bitternis empfindet. Er soll den Willen Gottes tun, ohne auch nur im Geringsten sein Interesse zu erwecken; tatsächlich ist alles trocken und uninteressant. Durch diesen Prozess erkennt Gott genau, warum der Gläubige in Seinem Namen leidet oder Seinem Willen gehorcht. Gott fragt ihn: Bist du bereit, ohne den Ausgleich meines Trostes zu erdulden? Bist du bereit, nur für Mich auszuhalten? Bist du bereit, Arbeit zu tun, die dich überhaupt nicht interessiert? Kannst du dies tun, nur weil es Meine Absicht ist? Wirst du fähig sein, dich für Mich zu verpflichten, wenn du dich bedrückt, gelangweilt und ausgedörrt fühlst? Kannst du es einfach tun, weil es Meine Werk ist? Bist du fähig, freudig körperliches Leid anzunehmen, ohne jegliche Gegenleistung der Erfrischung zu erfahren? Kannst du es annehmen, weil dies von Mir gegeben wurde?

Durch dieses praktische Kreuz offenbart uns der Herr, ob wir für Ihn durch Glauben leben, oder für uns selbst durch Gefühle ..." – Watchman Lee, The Spiritual Man, Virginia, 1968, Band II, 243-244.

7
Die Zungenrede ist ein Geschenk

Anlässlich einer beruflichen Weiterbildung trafen sich 2005 vierzig lutherische Pastoren aus dem Staat Queensland. Dabei wurde eine anonyme Umfrage bezüglich unserer Gebetsgewohnheiten durchgeführt. Eine Frage lautete: „Sprechen Sie in Zungen?" Dreißig Pastoren füllten die Umfrage aus, und zur allgemeinen Überraschung antworteten zehn der dreißig, also ein Viertel aller anwesenden lutherischen Pastoren, dass sie es täten. Obwohl so viele in Zungen sprachen, kannte keiner ihre Identität. Warum? Aus welchem Grund auch immer haben wir Lutheraner in Australien Angst vor dieser geistlichen Gabe? Deshalb halten wir uns beim Eingeständnis zurück, als würde die Sprachenrede die gesunde Lehre untergraben.

Ein Jahr später kam ein Kollege bei der Versammlung der Allgemeinen Synode unserer Landeskirche zu mir. Er vertraute mir an: „Ich spreche auch in Zungen, aber ich behalte es für mich." Warum sollte jemand eine Gabe von Gott geheim halten? Es gibt einen überzeugenden Grund. Menschen wollen ihr Ansehen bewahren. Keiner möchte von den Hauptkirchen abgeurteilt werden und zu den „seltsamen Leuten" gezählt werden. Manche gehen auch entspannter mit dieser Gabe um, dennoch teilen sie meine ehemalige Haltung: Ich will einfach keine Worte sprechen, die ich nicht verstehen kann. Wem kann das schon nützen?

Ein biblischer Überblick

Die Hauptinformationen in der Bibel über die Gabe des Sprachenredens kann man der Apostelgeschichte und dem 1. Brief an die Korinther entnehmen. In der Apostelgeschichte wird die Gabe eng mit der Erfüllung durch den Heiligen Geist verbunden. So erhielten die ersten Jünger am Pfingsttag, was ihnen von Jesus verheißen wurde: „Und sie wurden alle mit Heiligem Geist erfüllt und fingen an in anderen Sprachen zu reden, wie der Geist ihnen gab auszusprechen." (Apostelgeschichte 2:4)

Ebenfalls kam die Gabe der Zungenrede in Apostelgeschichte 10 zusammen mit der Geistestaufe und diente als Zeichen des Eintauchens in den Geist:

Während Petrus noch diese Worte redete, fiel der Heilige Geist auf alle, die das Wort hörten. Und die Gläubigen aus der Beschneidung, so viele ihrer mit Petrus gekommen waren, gerieten außer sich, dass auch auf die Nationen die Gabe des Heiligen Geistes ausgegossen worden war; denn sie hörten sie in Sprachen reden und Gott erheben.
Apostelgeschichte 10:44-46

Auf ähnliche Weise verbindet Apostelgeschichte 19:6 die erste Geisteserfüllung mit der Freisetzung der Zungenrede und Prophetie: „Und als Paulus ihnen die Hände aufgelegt hatte, kam der Heilige Geist auf sie, und sie redeten in Sprachen und weissagten."

In 1. Korinther gibt es weitere Bezüge auf die Sprachenrede, welche diese Gabe bestätigen:

Und die einen hat Gott in der Gemeinde eingesetzt ... Arten von Sprachen ... 1. Korinther 12:28

... eifert aber nach den geistlichen Gaben ... Denn wer in einer Sprache redet ... im Geist aber redet er Geheimnisse. Wer in einer Sprache redet, erbaut sich selbst. Ich möchte aber, dass ihr alle in Sprachen redet ... 1. Korinther 14:1-5

Darum, wer in einer Sprache redet, bete, dass er es auch auslege! Denn wenn ich in einer Sprache bete, so betet mein Geist, aber mein Verstand ist fruchtleer. Was ist nun? Ich will beten mit dem Geist, aber ich will auch beten mit dem Verstand; ich will lobsingen mit dem Geist, aber ich will auch lobsingen mit dem Verstand.

1. Korinther 14:13-15

Ich danke Gott, ich rede mehr in Sprachen als ihr alle. 1. Korinther 14:18

... und hindert das Reden in Sprachen nicht! 1. Korinther 14:39[28]

Aus diesem kurzen Überblick können wir schließen, dass entgegen aller möglicher Beteuerungen Christen mit dem seltsamen Phänomen der Sprachenrede zurechtkommen müssen. Mehr als einmal sprachen in der Apostelgeschichte alle, die mit dem Geist gefüllt waren, in Sprachen – jeder! Der erste Brief an die Korinther fordert uns außerdem auf, nicht die Sprachenrede zu verbieten, sondern begierig nach den geistlichen Gaben zu verlangen. Der Apostel Paulus sagte ohne Zögern: „Ich wünsche, dass jeder von euch in Zungen spricht." Er dankte Gott, dass er mehr in Zungen sprach als jeder andere in Korinth. Deshalb sollten wir uns Folgendes darüber anhören, da es sogar in unseren eigenen Leben geschehen kann: „Die Zungenrede ist eine übernatürliche Manifestation des Heiligen Geistes, wodurch der Gläubige in einer Sprache spricht, die er nie erlernt hat und nicht versteht."[29]

28 Man muss wissen, das Phänomen der Zungenrede kann auch von dämonischen Mächten hervorgerufen werden, so warnt uns die Bibel in 1. Johannes 4:1: „... glaubt nicht jedem Geist, sondern prüft die Geister, ob sie aus Gott sind!"

29 Larry Christenson, Answering Your Questions About Speaking in Tongues (Minneapolis, MN: Bethany House, 1968), 22.

Zwei kontroverse Fragen

Vor der Erklärung einiger Anwendungen und Absichten der Zungenrede werden wir zwei der kontroversesten Fragen bezüglich dieser geistlichen Gabe angehen. Die erste ist: Muss jeder in Zungen sprechen? Die Antwort lautet nein. Das Sprachenreden ist für die Errettung eines Menschen nicht notwendig.[30] Die Bibel bestätigt: „Wer gläubig geworden und getauft worden ist, wird gerettet werden." (Markus 16:16) Als Christ kann man sicher sein: „Denn aus Gnade seid ihr gerettet durch Glauben." (Epheser 2:8) So ist der Schlüssel für die Errettung der Glaube an Jesus Christus – nicht das Sprechen in Zungen.

Als der Apostel Paulus den Korinthern schrieb, schien es auch Gläubige zu geben, welche die Gabe der Zungenrede nicht empfangen hatten. Oder sie wandten die Gabe zumindest nicht für die Gemeinde an. Er schrieb:

> **Und die einen hat Gott in der Gemeinde eingesetzt erstens als Apostel, zweitens andere als Propheten, drittens als Lehrer, sodann Wunderkräfte, sodann Gnadengaben der Heilungen, Hilfeleistungen, Leitungen, Arten von Sprachen. Sind etwa alle Apostel? Alle Propheten? Alle Lehrer? Haben alle Wunderkräfte? Haben alle Gnadengaben der Heilungen? Reden alle in Sprachen? Legen alle aus?**
>
> 1. Korinther 12:28-30

Es gab immer nur eine Antwort auf all diese Fragen. Sie lautete: „Nein". Der Apostel Paulus und die Gemeinde in Korinth stimmten überein: „Nein, nicht alle sind Apostel! Nein, nicht alle sind Propheten! Nein, nicht alle reden in Sprachen!" Die Gabe der Zungenrede, in diesem Zusammenhang mit anderen

---

30 Beispielsweise sprachen solche gottesfürchtigen Männer wie Martin Luther, Charles Spurgeon, John Wesley, John Knox, George Whitefield, Charles Finney, D.L. Moody und andere nicht in Zungen. Siehe John Rice, The Charismatic Movement (Murfreesboro, TN: Sword of the Lord Publishers, 1976), 78-80.

Dienstgaben, wurde nicht jedem gegeben. Aber Paulus ermutigte alle Gemeindemitglieder, mehr als zuvor „nach den geistlichen Gaben zu eifern" (1. Korinther 14:1).[31]

So können wir mit Zuversicht sagen, nicht jeder muss in Zungen sprechen, denn es geht hierbei nicht um die Errettung. Aber wie viele könnten es tun? Wenn alle Christen die geistliche Gabe der Zungenrede begehrten, wie viele Personen würden dann die Gabe erhalten? Gemäß meiner eigenen begrenzten Erfahrung und der Einsicht vieler Gemeinden in den vergangenen 100 Jahren, ist die Gabe der Zungenrede keine seltene Gabe. Nicky Gumbel[32] nennt sie eine „Gabe der Anfänger". Sie wird häufig schon ganz neuen Gläubigen gegeben, denn sie begleitet und bestätigt die Erfüllung mit dem Heiligen Geist. Dafür ist keine besondere Reife erforderlich. In der Apostelgeschichte scheinen bei verschiedenen Gelegenheiten alle Gläubigen – ohne Ausnahme – die Gabe sofort empfangen zu haben.

Laut der National Church Life Survey Unterlagen von 1996 (Australien) sprechen etwa 10 Prozent der Besucher in der Katholischen, Anglikanischen, Uniting und anderen größeren nicht pfingstlerischen Denominationen in Zungen. Dies ist vergleichbar mit einer 17-prozentigen Zustimmung bei dieser Gabe unter Lutheranern. Insgesamt sprechen 14 Prozent der Gemeindebesucher in Zungen, was mit einer 27-prozentigen Anerkennungsrate bei allen Denominationen vergleichbar ist.[33]

Diese Auswertungen können so interpretiert werden: Wer auch immer die Gabe gutheißt, hat gute Chancen, selbst in Zungen zu

31 Man sollte auch beachten, wie der Apostel Paulus diese geistliche Gabe bei zwei Aufzählungen der geistlichen Gaben in 1. Korinther 12:8-10+28 als letzte aufführte.

32 Nicky Gumbel ist ein eingesetzter anglikanischer Priester, Vikar und Autor. Am besten bekannt ist er als Entwickler des Alpha Kurses. Dies ist eine grundlegende Anweisung für den christlichen Glauben, befürwortet von Gemeinden vieler christlicher Traditionen.

33 Etwa die Hälfte (52 Prozent) sind neutral und haben keine Meinung zu diesem Thema. Und 21 Prozent stehen gegen die Sprachenrede.

sprechen. Es gibt keine so große Prozentspanne zwischen dem Anerkennen der Gabe und tatsächlicher Zungenrede (jeweils 7 und 13 Prozentpunkte), welches wiederum auf die geistliche „Erfolgsrate" der 1. Korinther 14:1 Anweisung deutet, „ernsthaft nach geistlichen Gaben zu verlangen."[34] Wenn Menschen der Gabe zustimmen und auch mit Ernsthaftigkeit und Beständigkeit danach suchen, scheinen sie eine gute Chance zu haben, tatsächlich in Zungen zu sprechen.

Nicky Gumbel schreibt:

> **Nicht jeder Christ spricht in Zungen. Aber Paulus sagte: „Ich wünschte, dass jeder von euch in Zungen spräche", was darauf hindeutet, dass dies nicht nur für eine Sonderklasse von Christen gilt. Es ist für alle Christen erreichbar. Es gibt keinen Grund, warum irgendjemand, der nach dieser Gabe verlangt, diese nicht erhalten sollte.**[35]

Zusammengefasst: Nicht jeder muss in Zungen sprechen, da dies für die Errettung eines Menschen nicht notwendig ist. Dennoch ist es keine seltene Gabe. Was die Angelegenheit kompliziert, ist die allgemeine Beobachtung, dass die Geistestaufe und die Freisetzung der Gabe der Zungenrede oft zusammentreffen. Und manchmal scheint es, sie würden voneinander abhängen. So muss nicht jeder in Zungen sprechen, um errettet zu werden. Aber die Taufe mit dem Geist verlangt oftmals die Mitarbeit des Gläubigen beim Empfang dieser Gabe.

Die zweite umstrittene und mit dieser Gabe verbundenen Frage ist: Muss ein Christ bei ihrer oder seiner Taufe mit dem Geist in Zungen sprechen?

34 Man sollte auch beachten, nicht jeder, welcher der Sprachenrede zustimmt, bemüht sich selbst um diese Gabe.

35 Nicky Gumbel, Questions of Life – A Practical Introduction to the Christian Faith (Colorado Springs, CO: Cook Communication Ministries, 1993), 159.

Sofort möchte ich klarstellen, es gibt keine allgemeingültige Regel. Gott gebrauchte Randy Clark um die Bewegung des Toronto-Segens ins Leben zu rufen. Er ist überzeugt, die Gabe der Zungenrede vor seiner Geistestaufe erhalten zu haben und schreibt allgemein: „Ich glaube nicht, dass man in Zungen sprechen muss, um im Geist getauft zu werden."[36]

Ein amerikanischer Theologe war erstaunt über die Geschichten eines Pastors in Mosambik. Der Herr hatte ihn gebraucht, um sieben Menschen vom Tod aufzuerwecken. Dann fragte ihn der Amerikaner, ob er als Pastor oder die Versammelten mehr in Makua, ihrer Muttersprache, oder in Zungen beteten. Dieser grinste verlegen und sagte: „Ich kann nicht lügen. Ich habe noch niemals in Zungen gebetet." Heidi [Baker] und der amerikanische Theologe brüllten vor Lachen – dies macht gewiss einen Strich durch die Rechnung der „Anfangsbeweis"-Theologie hinsichtlich der Geistestaufe.[37]

Gott kann Menschen randvoll mit dem Geist füllen, damit sie in Jesu Namen die Toten auferwecken können, aber sie sprechen nicht in Zungen. Ich bin sicher, dass meine eigene Tochter Francisca mit zwölf Jahren in den Geist getaucht wurde, als sie unter der Kraft des Geistes fiel und lange Zeit ohne Bewusstsein blieb. Dabei bewegten sich ihre Augen schnell, und sie erfuhr eine tiefe Begegnung mit Gott, aber nicht die Gabe der Zungenrede. Im Lichte all dieser Zeugnisse und keiner ausdrücklichen Forderung in der Bibel, wäre es unweise, darauf zu bestehen, dass die Taufe mit dem Geist immer mit der Freisetzung der Zungenrede in Verbindung stehen muss.

Doch auf der anderen Seite gibt es Schriftstellen, die eine allgemeine Verbindung zwischen der Taufe mit dem Geist und

36 Randy Clark, Baptism in the Spirit (Mechanicsburg, PA: Global Awakening 2006), 30.

37 Guy Chevreau, Turnings—The Kingdom of God and the Western World (Tonbridge, UK: Sovereign World, 2004), 55. Am Ende des Gesprächs wurde für den Pastor gebetet, und er empfing die Zungenrede.

der geistlichen Gabe der Zungenrede nahelegen. Zumindest machten in der ersten Gemeinde viele, welche das Eintauchen in den Geist erlebt hatten, die Erfahrung der Zungenrede (siehe Apostelgeschichte 2:1-4; 10:44-46;19:1-6). David Pawson fasst die biblischen Hinweise folgendermaßen zusammen:

Zungen ... Das fließende Sprechen in einer Sprache, die man weder zuvor erlernt noch gesprochen hat, ist offensichtlich eine übernatürliche Ausstattung. Dies ist der hauptsächliche [äußere] **erwähnte Nachweis** [in der Bibel für die Erfüllung mit dem Geist] **und sollte nicht mit Argwohn oder Geringschätzung behandelt werden. Es kann Menschen zu dem Glauben ermutigen, dass der Geist sie befähigen kann, über ihre natürlichen Möglichkeiten hinaus zu gehen, und sie in weitere „geistliche Gaben" führt** (griechisch ***charismata***, von dem ‚charismatisch' abgeleitet wird).

Aber darauf zu bestehen, es müsse immer solche „Zungen" geben, ist enger, als die Bibel fordert. Während dies geläufiger sein kann, als jede andere Form einer inspirierten Sprache, rechtfertigt es nicht die Forderung, dass diese Gabe *der* „anfängliche Beweis" sein *muss.* Andere „Ausgießungen" sind erwähnt – zum Beispiel „Lobpreis" und „Prophetie", beide in einer bekannten und üblichen Sprache.[38]

Diese ausgeglichene Erklärung zeigt aber gleichwohl, die Freisetzung der Zungengabe war bei der Taufe eines Gläubigen mit dem Geist normal. Daher kann man das Gleiche ohne Weiteres auch heute erwarten. Viele christliche Kirchen beobachten, dass fast jeder in ihrer Mitte diese Gabe empfängt.

In meiner begrenzten Erfahrung sind mir viele Lutheraner begegnet, die mir sagten: „Ich bin bereit für alles von Gott – außer der Gabe der Zungen." „Ich möchte in den Geist getaucht werden, aber nicht in unbekannten Sprachen reden." Diese Lutheraner

38 David Pawson, Jesus Baptizes in One Holy Spirit (London: Hodder & Stoughton, 1997), 122-123.

hatten Probleme mit dem Überwinden vergangener Vorurteile und der Angst vor dem Unbekannten. Ihr Stolz wollte sich nicht dem „Babbeln" des Geistes ergeben.

Meist akzeptierte Gott die menschliche Bedingung nicht, die dem Ausgießen des Geistes auferlegt wurde. Gewöhnlich erforderte es eine Bewegung von der Angst zum Glauben und vom Stolz zur Demut. Wenn Menschen dann ihre Kontrolle aufgaben, vollkommen kapitulierten und Gott sogar ihre Zungen unterordneten, geschah die Geistestaufe ganz leicht und ohne Anstrengung. Der Geist konnte frei in ihnen sprudeln, sobald Ihm erlaubt wurde, sich durch ihre Zungen auszudrücken.

Bei einer unserer Gebetswachen empfand ich, ich sollte einen Besucher fragen, ob er in Zungen spräche. Er sagte, er hätte diese Gabe bisher noch nicht empfangen. Meinem Angebot, für ihn zu beten, stimmte er zu. So legten wir ihm die Hände auf Kopf und Schultern. Nach kurzer Zeit traten wir zurück, und ich fragte ihn nach seiner Wahrnehmung. Er sagte, er hätte ein Kribbeln am ganzen Körper gespürt, das bis zu seinem Kopf hochstieg. Dann schien etwas seine Zunge anzuheben. Aber anstatt Worte auszusprechen, stoppte er aus Angst das Geschehen. Er dankte uns für die Gebete, wollte es aber nicht noch einmal probieren.

Wie bei diesem Bericht können Gläubige das Erleben, mehr vom Geist zu empfangen oder mit Ihm getauft zu werden, beenden. Sie können den Bewegungen des Geistes widerstehen, indem sie sich zurückziehen und eher ihrer eigenen Angst oder ihrem Stolz nachgeben, als dem Geist.

So möchte ich zum Abschluss dieser Gedanken alle Christen ermutigen, Kenntnis von der Verbindung zwischen der Taufe mit dem Geist und der Gabe der Sprachenrede zu nehmen. Sie sollten sich selbst auf eine Erfahrung vorbereiten, die von ihnen fordern kann, sowohl töricht, als auch demütig zu sein:

Denn das Törichte Gottes ist weiser als die Menschen, und das Schwache Gottes ist stärker als die Menschen. 1. Korinther 1:25[39]

Zielgerichtete Zungen

Worin besteht der Nutzen der Zungenrede? Sie ist mehrfach nützlich, aber ihre vorrangige Absicht ist wahrscheinlich die Versorgung mit einer Sprache oder mit Sprachen für das Gebet. Wenn wir in Zungen beten, drücken wir alle möglichen Gebetsformen wie Lobpreis, Anbetung, Dank, Bekenntnis, Fürbitte und Bitten aus (siehe 1. Korinther 14:15-17).

Des Weiteren erklärt die Bibel, „wenn ich in einer Sprache bete, so betet mein Geist, aber mein Verstand ist fruchtleer" (1. Korinther 14:14). Die Gabe der Zungenrede lässt den Verstand ohne Frucht. Dies bedeutet, der Verstand versteht die ausgesprochenen Worte nicht, was durchaus gut sein kann.

39 Vater Robert DeGrandis behauptet: „Nach der Geistestaufe sollte man sich zuerst auf die Gabe der Zungenrede konzentrieren. Diese Gabe scheint der „Korken auf der Flasche" zu sein. Sobald die Zungen freigesetzt sind, beginnen andere Gaben zu fließen." Vater Robert DeGrandis mit Frau Linda Schubert, Come, Follow Me (USA, 1989), 50. Diese Beobachtung ist wertvoll, denn besonders diese Gabe scheint unseren intellektuellen Stolz zu demütigen und schafft Raum für die Wirkungen des Geistes entsprechend Seines Willens, anstelle des unseren.

Ernest Gentile schreibt: „Die Zungenrede ist eine ziemlich bemerkenswerte Idee, wenn man den körperlichen Vorgang dabei berücksichtigt. Gott lässt die innere Gegenwart des Geistes durch die Benutzung des Körpergliedes erkennen, das direkt von der willensmäßigen menschlichen Intelligenz abhängt: die Zunge! „Die Zunge aber kann keiner der Menschen bändigen; sie ist ein unstetes Übel, voll tödlichen Giftes." (Jakobus 3:8) Gott kontrolliert das rebellische Glied am menschlichen Körper (und nebenbei bemerkt, auch alle anderen). Den Verstand umgehend, benutzt der Geist die Zunge, um Gott mit dem Verstand unbekannten Worten zu verherrlichen. Und dies wird nicht durch jegliche selbstsüchtige Motivationen verschmutzt. Die Zungenrede erlaubt einem Menschen reine Worte zu beten, denn der Geist selbst bestimmt die Äußerungen." Ernest Gentile, 7he Glorious Disturbance—Understanding and Receiving the Baptism with the Spirit (Grand Rapids, MI: Chosen Books, 2004), 111-112.

„Die Willigkeit unsere Zungen Gott unterzuordnen, kann ebenso auf eine tiefere Unterwerfung hinweisen, als auf fast jede andere Handlung. Durch die Zunge wird die menschliche Persönlichkeit am besten dargestellt. Solange, bis Gott Herrschaft über unsere Zunge hat, ist Seine Kontrolle über uns relativ gering." Don Basham, A Handbook on Holy Spirit Baptism (Pittsburgh, PA: Whitaker House 1969), 91.

Der lutherische Pastor Larry Christenson schreibt:

> **Man könnte annehmen, Gebet, in dem der Verstand fruchtleer ist, hätte nur wenig Wert. Welcher Segen kann schon darin liegen, wenn man keine Ahnung hat, was man betet? Dennoch ist dies eines Seiner größten Segnungen – die Tatsache, dass dies nicht den Begrenzungen unseres menschlichen Verstandes unterworfen ist. Der menschliche Verstand ist wunderbar, weil er aus der Hand unseres Schöpfers kommt. Aber er hat ein begrenztes Wissen, eingeschränkte sprachliche Fähigkeit und limitiertes Verständnis. Auch ist er blockiert mit allen Arten von kleinen und großen Vorurteilen. Die Zungenrede ist eine von Gott bestimmte Art des Gebetes, das die Begrenzungen des Verstandes umgehen kann. Der Unterschied kann folgenderweise verbildlicht werden: Ein verstandesmäßiges Gebet kommt aus dem Herzen und muss durch ein Labyrinth von sprachlichen, theologischen, rationalen, gefühlsmäßigen und persönlichen Kontrollstellen, bevor es ausgesprochen wird. Wenn „es herauskommt", kann es ein wenig mehr als ein kleines Rinnsal sein. Eine Äußerung in Zungen kommt aus den Tiefen heraus, aber anstatt durch den Verstand geleitet zu werden, umgeht es diesen und fließt direkt zu Gott in einem Strom des vom Geist eingegebenen Gebetes, des Lobpreises und der Danksagung.**[40]

Die Gabe der Zungenrede umgeht den Verstand und somit die Begrenzungen unserer intellektuellen Filter. Vor allem gibt sie Gott freien Zutritt uns mit Seiner Gnade zu überfluten - anstatt in Selbstverdammnis zu sein - denn „Wer in einer Sprache redet, erbaut sich selbst (1. Korinther 14:4; siehe auch Judas 1:20). Beispielweise erzählte mir mein Freund Pastor Ian Shelton oft: Fühlt er sich vor einem Abendgottesdienst müde, legt er sich auf sein Bett, betet 10 Minuten lang in Sprachen und steht dann erfrischt auf. Er hat gelernt, sich selbst in Gott „zu erbauen".

40 Larry Christenson, Answering Your Questions About Speaking in Tongues (Minneapolis, MN: Bethany House, 1968), 73-74.

Der Nutzen durch das Umgehen unseres Verstandes geht sogar noch weiter. Die Bibel erklärt: „Denn wer in einer Sprache redet, redet nicht zu Menschen, sondern zu Gott; denn niemand versteht es, im Geist aber redet er Geheimnisse." (1. Korinther 14:2) Menschen, die in Zungen beten, verstehen die Worte nicht und erzählen deshalb ihrem menschlichen Verstand „Geheimnisse." Die Anwendung muss ihnen und anderen geheimnisvoll erscheinen.

Aber dies ist nicht die Bedeutung des Bibelverses. Die „Geheimnisse", die vom Geist geäußert werden, sind eher die Tiefen Gottes. In der Bibel wird das Wort „Geheimnisse" vielmehr als ein formaler Begriff für die Wahrheit, die Kenntnis und den Willen Gottes angewendet. So nennt der Apostel Paulus Gemeindeleiter wie sich selbst „Diener Christi und Verwalter der Geheimnisse Gottes" (1. Korinther 4:1).[41] Wenn wir also in Zungen beten, verbindet uns unser Sprechen mit der tiefen Weisheit Gottes und lässt uns in die Geheimnisse Seiner Wahrheit, Seiner Kenntnis und Seines Willen eindringen. Das hat eine Auswirkung. Wenn der Heilige Geist unserem Geist Geheimnisse offenbart, kann Offenbarung von unserem Geist in unseren Verstand fließen (siehe auch 1. Korinther 2:6-16).

Ein Pastor glaubt, dass der Apostel Paulus „im Geist betete, bis die ‚Geheimnisse' Gottes in seinem Geist lebendig wurden. Als die Offenbarungen kamen, schrieb er sie nieder."[42] Laut desselben Pastors kann die Zungenrede ein Schlüssel sein, um den Bereich des Geistes zu öffnen, in dem uns der Heilige Geist in alle Wahrheit führt.[43] Dies mag auch die Beobachtung erklären, dass die Gabe

41 Vergleiche 1. Korinther 2:7-14 :„...sondern wir reden Gottes Weisheit in einem Geheimnis ... Keiner von den Fürsten dieses Zeitalters hat sie erkannt ... Uns aber hat Gott es offenbart durch den Geist, denn der Geist erforscht alles, auch die Tiefen Gottes. ... So hat auch niemand erkannt, was in Gott ist, als nur der Geist Gottes. Wir aber haben nicht den Geist der Welt empfangen, sondern den Geist, der aus Gott ist, damit wir die Dinge kennen, die uns von Gott geschenkt sind ... und er kann es nicht erkennen, weil es geistlich beurteilt wird." Vergleiche auch Epheser 3:9; 6:9 und Kolosser 1:26.

42 Col Stringer, Praying in the Spirit—Tongues for Personal Edification (Australia: Col Stringer Ministries, 1995), 20.

43 Ebd, 24.

der Zungen gewöhnlich von anderen geistlichen Gaben gefolgt wird – besonders den prophetischen Gaben.

Beim Gebet für Menschen bin ich dankbar für die Gabe der Zungen. Manchmal weiß ich nicht, wie ich vorgehen soll. Deshalb wechsele ich einfach von Englisch zur Zungenrede. Nach einer Zeit empfinde ich, dass mir wieder Eindrücke für die Person offenbart werden, und ich kann in Englisch fortfahren. Für mich ist es eine große Hilfe, den Geist den Gebetsdienst leiten zu lassen.

Ein weiterer Gelehrter stellt heraus, dass Zungenrede „die Not des [menschlichen] Geistes zu beantworten scheint, um das Unaussprechliche ausdrücken zu können, und um das Gespräch mit Gott über die engen Begrenzungen der klaren verständlichen Sprache hinaus ausüben zu können."[44] Die Bibel sagt in ähnlicher Weise: „Ebenso aber nimmt auch der Geist sich unserer Schwachheit an; denn wir wissen nicht, was wir bitten sollen, wie es sich gebührt, aber der Geist selbst verwendet sich für uns in unaussprechlichen Seufzern." (Römer 8:26)

Folgendes Zeugnis stammt von meinem Freund und lutherischen Kollegen Dirk Willner. Mit 40 Jahren starb er Karfreitag 2004 im Krankenhaus und war für etwa zwei Minuten tot. Er litt an einem „Sick-Sinus-Syndrom", einer Herzrhythmusstörung. Deshalb starb er von einem Moment auf den anderen; aber durch einige glückliche „Zufälle" war er zu der Zeit schon unter Beobachtung im Krankenhaus. Das Ärzteteam rettete ihn, und er kehrte mit einer Geschichte über den Himmel zurück. Er war mit der Herrlichkeit Gottes durchtränkt (einer goldenen Substanz, die wie Honig aussah), war in Freude gebadet, schritt in die Empfangshalle des Himmels (funkelnd und glitzernd von Gold und Juwelen), sah eine große Anzahl von weiß gekleideten Menschen, traf Jesus, dessen Erscheinung ein intensives schillerndes Licht war, und redete mit Ihm.

44 Paul Tournier zitiert in Larry Christenson's Answering Your Questions About Speaking in Tongues (Minneapolis, MN: Bethany House, 1968), 26.

Weil diese Erfahrung erstaunlich und ungewöhnlich war, brauchte Dirk eine Weile, um seinen Mut zusammenzunehmen und dieses anderen Christen weiterzuerzählen. Aber es blieb nicht dabei. Gott gab ihm während seiner Erholungsphase auch eine Offenbarung über die Gabe der Zungen. Ich habe die Erlaubnis, aus seinem persönlichen Bericht zu zitieren:

> **Ziellos lief ich im Haus umher und dachte darüber nach, was mit mir geschehen war. Zuerst war es schwer, auch nur Penne [meine Frau] ins Vertrauen zu ziehen und ihr zu erzählen, was ich im Himmel gesehen hatte. An diesem besonderen Tag besuchten mich meine Schwiegereltern, um zu sehen, ob ich mich erholte. Während des Nachmittags ließen sie mich für eine Zeit alleine und fuhren zum Strand. Sie wollten in einem der vielen Restaurants einen Kaffee trinken. Ich saß aufrecht und angezogen mitten am Nachmittag in meinem Bett.**
>
> **Sobald die ganze Familie gegangen war, verbrachte ich einige Zeit im Gebet und redete mit Gott über diese himmlische Begegnung. Die Erfahrung war äußerst verwirrend für mich. Ich war durcheinander und stellte in Frage, warum diese Art Zwischenfall stattfand. Ich erinnere mich, so etwas gesagt zu haben wie: „Also, Gott, ich weiß, du kannst mich ein- und ausschalten, aber warum hast du mir dieses gezeigt? Was hattest Du damit im Sinn? Ich weiß schon, Du hältst Leben und Tod in Deiner Hand. Und ich glaube, dass der Himmel existiert!"**
>
> **Plötzlich, und ich muss wiederholen, dass ich vollkommen wach war, erschien eine Gruppe von fünf Engeln an meinem Bett. Jeder Engel stand dort gewaltig und für sich allein, aber ihr Ziel war das Gleiche. Sie wirkten größer als Menschen und hatten breitere Schultern. Ihre Gestalt war kräftig und allein ihre Erscheinung signalisierte, man sollte sie ernst nehmen.**
>
> **Ihr Aussehen beeindruckte mich. Sie schienen voller Glanz zu sein; jeder Zentimeter ihres Körpers strahlte lebendig funkelnde Energie aus. Ich erinnere mich an den Eindruck der starken Orientierung**

auf ihre Aufgabe; sie schienen sehr wenig Interesse am Plaudern zu haben. Es war auch keine Vorstellung notwendig.

Der Engel an meiner rechten Seite hatte wohl den höchsten Rang. Denn er übernahm das Kommando mit der Frage: „Welche Aufträge hast du für uns?" Ich konnte ihn so klar hören, als hätte ich mich in diesem Zimmer mit einem Freund unterhalten. Überrascht antwortete ich: „Aufträge? Ich gebe euch keine Aufträge. Wenn ihr Aufträge wollt, geht zu Gott. Er wird euch Anweisungen geben."

Der Engel beugte sich nach vorne und sagte: „Gib mir deine Hand!" Ich erinnere mich, wie er seine Hand zu mir ausstreckte. Er war körperlich genauso gebaut wie ein Mensch; meine Augen untersuchten seine Merkmale – fünf Finger, wie bei uns, die Hand, wie bei uns, der Arm, wie bei uns. Es war faszinierend. Ich dachte mir: „Na gut, ich werde sehen, wo das hinführt" und legte meine rechte Hand in seine. Es war ein fester Händedruck.

Augenblicklich benutzte ich eine himmlische Sprache. Sie kam einfach so aus mir heraus, als hätte ich schon immer so gesprochen. Die Worte waren deutlich, und es gab einen klaren Satzaufbau. Aber ich hatte überhaupt keine Ahnung davon, was ich da sagte. Ich erinnere mich, dass Gott in meinen Verstand sprach. Er sagte: „Keine Bange, du weißt, ich gebe diese Gabe durch meinen Geist, wie ich will. Ich erteile den Engeln durch dich Aufträge."

Als ich dem ersten Engel seine Anweisungen gegeben hatte, streckte der zweite seine Hand aus. Wieder legte ich meine Hand in seine und sprach jetzt in einer weiteren, vollkommen anderen Sprache – dasselbe geschah mit jedem der anderen Engel.

Nachdem ich allen ihre Befehle erteilt hatte, wie es mir der Heilige Geist erlaubt hatte, verschwanden sie. Sie drehten sich einfach um, und ich konnte sie nicht mehr sehen. Aber dort am Ende meines Bettes saß ein sechster Engel. Er war viel weniger kriegerisch und eindrucksvoll in seiner Erscheinung, aber sehr sympathisch und freundlich. Ich fragte ihn: „Und was kann ich für dich tun?" Er entgegnete einfach: „Nichts, ich bin wegen dir hier." Dann verschwand auch er, und ich fuhr mit dem Gebet fort. Ich war wirklich ratlos und

verwirrt über das, was ich gerade erlebt hatte. „Dies wird wirklich schwer erklärbar sein", war mein ständiger Gedanke, „was werden die Leute darüber denken?" Aber noch wichtiger: „Was mache ich mit all dem?"[45]

Als sich Dirk und die fünf Engel die Hände gaben, begann Dirk in all den fünf Sprachen der verschiedenen Engel zu sprechen. Die Sprachen unterschieden sich voneinander und dienten ebenso unterschiedlichen Zwecken. Er entdeckte, eine war für Heilung zuständig, eine um Satan zu widerstehen, eine zur Zerstörung der Werke Satans, eine zum Lobpreis Gottes und eine einfach, um eine Unterhaltung mit Gott zu haben. Dirk spricht diese fünf Sprachen noch heute. Auch wendet er diese an, wenn er in seinen Gedanken betet – ohne sie laut auszusprechen. Das hat sogar seine pfingstlerischen Freunde erstaunt.

Jeder sollte sich auf die Suche nach der Zungenrede begeben, um sie dann im beharrlichen und anhaltenden Gebet zu gebrauchen. Was kann besser als Heilung, Zurechtweisung und Zerstörung der Werke Satans, Lobpreis Gottes und ein Gespräch mit Ihm sein? Die Erfahrung von Dirk Willner wirft auch Licht auf das Zeugnis einer anderen Pastorin. Diese erfuhr eine Veränderung ihres Dienstes durch den Gebrauch der Zungenrede. Sie schreibt:

Mit Blick auf die Uhr betete ich täglich 15 Minuten in der Geistessprache und empfand nichts, als ich den Geist bat, mir bei der Fürbitte für jene zu helfen, die Er erreichen wollte. Etwa sechs Wochen danach führte ich Menschen ohne Anstrengung zu Jesus. Gangster fielen weinend in den Straßen auf ihre Knie, Frauen wurden geheilt, Heroinabhängige wurde übernatürlich frei gesetzt. Und ich wusste, dies alles hatte nichts mit mir zu tun.[46]

45 Dirk Willner, A Personal Account of a Near Death Experience with a Heavenly Vision and Followed Up with Angelic Visitations (Gold Coast, 2009). See www.livinggracetoowoomba.org/2009/2009TestimonyDirkWillner.pdf.

46 Jackie Pullinger, zitiert in Nicky Gumbel, Questions of Life—A Practical Introduction to the Christian Faith (Colorado Springs, CO: Cook Communication Ministries, 1993), 158.

Eine weitere, völlig andere Anwendung der Sprachenrede ist, wenn Gott dadurch Botschaften an andere Menschen übermittelt. Laut der Bibel geschah dies am Pfingsttag: „Und sie wurden alle mit Heiligem Geist erfüllt und fingen an in anderen Sprachen zu reden, wie der Geist ihnen gab auszusprechen." (Apostelgeschichte 2:4) Eine Ansammlung ungebildeter Christen sprach plötzlich in fremden Sprachen. Die Zuhörer reagierten darauf folgendermaßen:

Sie entsetzten sich aber alle und wunderten sich und sagten: ... Und wie hören wir sie, ein jeder in unserer eigenen Mundart ... wie hören wir sie von den großen Taten Gottes in unseren Sprachen reden?

Apostelgeschichte 2:7-11

Dies geschieht noch heute. Beispielsweise erlebte Pastor Dave Roberson Folgendes: Bei seiner Predigt neigte sich ein Mann in der dritten Reihe immer wieder zu seinem Nachbarn und flüsterte ihm etwas zu. Zu Recht war Pastor Dave empört, wurde ärgerlich und dachte: „Wenn sie schon den Gottesdienst stören wollen, hätten sie sich wenigstens nach hinten setzen können." Aber mitten in seiner Botschaft hörten die beiden Männer mit dem Flüstern auf, was dem Prediger bei seiner Konzentration half. Nach dem Gottesdienst erholte sich der Pastor im Nebenraum, als jemand hereinkam und fragte: „Haben Sie diese beiden Männer bemerkt, die während des Gottesdienst miteinander geflüstert haben?" Er entgegnete: „Ja, sie störten während ein Drittel der Predigt und hörten dann auf." „Also, einer von ihnen spricht nur Französisch. Er brachte seinen Übersetzer mit, damit er den Gottesdienst verfolgen konnte." Jetzt fühlte sich Pastor Dave wegen seiner Verärgerung schlecht. Dann fügte die Person hinzu: „Dieser Franzose sagte, Sie hätten nach einem Drittel des Gottesdienstes aufgehört, in Englisch zu predigen, und begonnen, Französisch zu sprechen." Er protestierte: „Aber ich habe nicht in Französisch gepredigt." „Aber er sagte, dass Sie es getan hätten."

Es stellte sich heraus, dass die Botschaft, welche diese Person in Französisch gehört hatte, dieselbe war, die er in Englisch von sich gegeben hatte. Gott wiederholte das Wunder, dass Menschen Sein Wort in ihrer eigenen Sprache verstanden.[47]

Weit mehr Beispiele in vielen Variationen könnten hinzugefügt werden. Eine weitere übliche Erfahrung ist, wenn Menschen in einer ihnen unbekannten Sprache reden, sich aber mit einem Muttersprachler in dessen Sprache unterhalten. Nicky Gumbel erzählt eine Geschichte von einer Engländerin, die in Sprachen für eine Bekannte betete, was diese lächeln ließ. Denn die in Zungen gesprochenen Worte stellten sich als Russisch heraus, und die Gebet empfangende Bekannte war ein Russin. So hörte sie immer wieder übernatürlich von Gott: „Mein liebes Kind! Mein liebes Kind!"[48]

Dann gibt die Bibel einige Anweisung darüber, wie eine Botschaft in Zungen durch die gleiche oder eine andere Person ausgelegt werden soll: „Darum, wer in einer Sprache redet, bete, dass er es auch auslege" (1. Korinther 14:13). In Gottesdiensten wird die Zungenrede mit darauf folgender Auslegung als ein normales Geschehen auf geordnete Weise gebraucht: „Wenn nun jemand in einer Sprache redet, so sei es zu zweien oder höchstens zu dritt und nacheinander, und einer lege aus" (1. Korinther 14:27).

Vor einigen Jahren leitete ich ein weiteres Heilig-Geist-Seminar. Am Ende des Tages betete ich für eine junge Frau in Zungen. Später teilte sie mir mit, sie hätte das Gesagte verstanden. Während des ganzen Tages hatte sie mit Gott gekämpft. Sie war neidisch auf andere Christen, die gute Eltern gehabt und sie im Glauben unterwiesen hatten. Sie beschuldigte Gott, nicht richtig für sie gesorgt zu haben. Dann tat sie Buße und demütigte sich vor

47 Dave Roberson, The Walk of the Spirit—The Walk of Power (Tulsa, OK: Dave Roberson Ministries), 103-104.

48 Nicky Gumbel, Questions of Life, 155.

Gott. Als ich schließlich in Zungen für sie betete, hörte sie Gott sagen, sie sei Seine Prinzessin. Er wäre ihr Vater und würde auf sie achten. Diese Worte überwältigten sie, aber ich verstand die Worte nicht.

Hier könnte das ganze Thema der Zungenrede ein wenig verwirrend werden. Bei all diesen verschiedenen Anwendungen einer Gabe, wie können wir dann wissen, was wann geschieht? Gott muss uns führen, dann können wir in Ihm entspannen. Denn wir müssen keine Kontrolle ausüben. Aber ich wiederhole: Eine der Schlüsselanwendungen der Zungenrede ist die einfache Versorgung mit einer Sprache oder Sprachen für das Gebet. Und diese Gebetssprache oder -sprachen scheinen mehr in der Privatsphäre unserer eigenen Häuser, als in der Öffentlichkeit zu wirken: „Wer in einer Sprache redet, erbaut sich selbst." (1. Korinther 14:4)

Die Gabe empfangen

Wie empfangen wir die Gabe der Zungenrede? Wenn du diese begehrst, wie kann du sie erhalten? Noch einmal: Gott scheint bei der Übermittlung nach keiner festgelegten Methode zu verfahren. Manche bekommen sie im Schlaf und wachen eines Tages mit einer fremden Sprache auf ihren Lippen auf. Andere suchen und verlangen Jahre danach, bevor sie etwas empfangen. Ich wollte nie in Zungen sprechen, aber in einer Gebetsversammlung öffnete sich eines Tages mein Mund, und eine völlig ausgebildete, aber mir unbekannte Sprache kam einfach heraus.

Gleichzeitig hatte sich meine Frau zwei Jahre lang nach der Gabe gesehnt und darauf gewartet. Als sie diese schließlich empfing, sprach sie nicht sofort fließend in Zungen, sondern gab nur ein Wort von sich. Es brauchte Tage und Wochen, um weitere Worte auszusprechen und eine Sprache zu bilden. Während ich niemals bewusst über irgendein Wort nachdachte, das aus meinem Mund floss, wusste meine Frau schon im Voraus das erste gesprochene Wort. Gott gab es ihr in ihren Sinn. So variieren die Erfahrungen beim Empfang der Zungenrede. Denn Gott ist schöpferisch und kann nicht durch starre Methoden eingegrenzt oder kontrolliert werden.

Ein anderer Kollege und Freund erhielt die Gabe der Zungen mit vier Jahren. Sein Vater sprach bei einem Gottesdienst in Zungen, und er versuchte die Worte einfach nachzusprechen. Währenddessen empfing er diese Gabe.

Ein älterer Landwirt teilte mir mit, dass jeder um ihn herum in Sprachen redete, einschließlich seiner Frau. Er wurde ärgerlich, weil er anscheinend die einzige Ausnahme war. Deshalb setzte er sich eines Tages auf einen Baumstamm und sagte mitten auf der Koppel zu Gott: „Ich werde nicht aufstehen und diesen Ort verlassen, bis du mir die Gabe der Zungenrede gibst." Er saß dort für einige Stunden, aber schließlich wurde ihm seine Bitte gewährt.

Kürzlich wollte eines unserer jüngeren Gemeindemitglieder ernsthaft um die Gabe der Zungenrede beten. Mitten in der Nacht betete sie intensiv zu Gott. Dabei strengte sie sich aber an und war versucht, sich auf ihre eigenen Gebetsleistungen zu verlassen, anstatt die Gabe durch Glauben zu empfangen. Als sie ihre Bemühungen schließlich aufgab, setzte sie sich in einen Sessel und wurde still vor Gott. Er setzte die Gabe für sie frei. Es war nicht schwer, sondern leicht. Am nächsten Morgen waren ihr Ehemann und ihre lutherischen Eltern ziemlich erstaunt, dass sie jetzt eine in Zungen sprechende Christin unter sich hatten.

Die Erfahrungen beim Empfang dieser geistlichen Gabe variieren. Aber dies muss nicht verwirren. Gott ist der Geber der

Gabe, und wir können Seiner meistens sanften Führung vertrauen. Man bleibt am besten gegenüber den Eingebungen des Heiligen Geistes sensibel. So schrieb ein lutherischer Pastor:

> **Viele Menschen erwarten, ergriffen zu sein, überwältigt und geradezu genötigt, in Zungen zu reden. Aber so behandelt uns der Geist nicht. Er leitet, Er ermutigt, Er regt an, Er gibt – aber Er zwingt nicht.**
>
> **Die Eingabe mag in einer Silbe, einem Wort oder einem Satz bestehen. Für den Verstand ist es ein bedeutungsloser Klang, aber ausgesprochen führt es zu einer neuen Zunge. Oder es kann eine bestimmte „Bewegung des Geistes" auf der Zunge oder den Lippen sein, welche zu Silben oder Worten führt, wenn jemand seine Stimme zur Verfügung stellt. Auch ist ein spontanes Aussprechen möglich, was schwer zu beschreiben ist, denn es ist sehr personenbezogen. Zu Beginn scheinen die Erfahrungen unterschiedlich zu sein. Aber sobald es begonnen hat, ist das Phänomen ziemlich einheitlich: Eine spontane und gewöhnlich fließende Sprache, in der die Worte nicht durch den Verstand, sondern durch den Geist eingegeben werden.**[49] **Sobald eine Person in Zungen gesprochen hat, kann sie dies danach willentlich tun.**[50]

So gut wie jeder stimmt damit überein, dass die Gabe der Zungenrede durch Glauben empfangen werden muss, denn durch dieses grundlegende Prinzip erhält man alles von Gott:

> **Ohne Glauben aber ist es unmöglich, ihm wohlzugefallen; denn wer Gott naht, muss glauben, dass er ist und denen, die ihn suchen, ein Belohner sein wird.** Hebräer 11:6

49 Christenson, Answering Your Questions About Speaking in Tongues, 125-126. Laut Christenson hat die Zungenrede das gleiche emotionale Potential als das Sprechen oder Beten in einer natürlichen Sprache (24).

50 Ebd., 130.

Somit müssen wir eine gewisse Glaubenserwartung haben und dann gemäß dieser handeln. Im Fall der Zungenrede bedeutet es, mit dem Heiligen Geist zu kooperieren, indem man im Glauben Worte formuliert und erwartet, dass sie vom Geist gestaltet werden.

Als ich diese Gabe erhielt, begann ich damit das Wort „Jesus" zu sagen. Dann ließ ich den Ton des Wortes nachklingen, bis mein Mund zusätzliche Worte formte und diese herausflossen. Hab keine Angst und erwarte keine sofortige Vollkommenheit. Es ist in Ordnung, wenn die ersten Worte tatsächlich nur Worte sind und klingen, als kämen sie aus eigener Initiative heraus. Überlassen wir Jesus unsere Zunge kann Er übernehmen und jedes menschliche Gebabbel in die geistliche Gabe der Zungenrede umgestalten. Aber keiner kann den Empfang der Gabe erwarten, wenn er seinen Mund fest verschlossen hält.

Letztendlich ist es einfach. Wir vertrauen darauf, dass Gott Seinen Kindern gerne gute Gaben gibt und die Zungenrede eine dieser Gaben ist (siehe Matthäus 7:11). Manchmal schenkt Er diese Gabe einer ganzen Versammlung von Gläubigen (siehe Apostelgeschichte 2:4; 10:44-46; 19:6). So können wir im Glauben und in Erwartung beten. Ein anderer Christ, der die Gabe schon empfangen hat, kann mit uns und für uns beten. Unsere Gedanken konzentrieren sich auf Jesus. Dann geben wir einen Laut von uns und vertrauen darauf, dass Jesus uns die Worte gibt und diese zu einer Sprache zusammenfügt.

Unser Glaube kann ein Abenteuer sein. Empfängt jemand nicht sofort, soll er prüfen, ob dies Gottes Willen entspricht oder etwas in ihm die Freisetzung der Gabe blockiert – wie beispielsweise Unglaube, Angst, Gefühle der Unzulänglichkeit und Unversöhnlichkeit. Aber der Schlüssel ist weiterhin, der Liebe Gottes zu vertrauen und uns nicht wegen Verzögerungen fertig zu machen. Uns wurde verheißen, dass der Geist weiter in uns arbeitet, und Gottes Zeitplan ist immer vollkommen.

Zwei Versuchungen

Zwei fast allgemeingültige Versuchungen verwirren Christen, welche die Gabe der Zungenrede schon empfangen haben. Die erste Versuchung kommt sofort und besteht in dem Denken, dass wir das „Kauderwelsch" selbst erzeugen. Gemäß meiner Erfahrung leidet jeder, der neu in Zungen spricht, eine Zeitlang unter dieser Ungewissheit und hinterfragt die Echtheit der Gabe. Ein Pastor erklärt die Ursache:

Dies ist ein ganz natürlicher Gedanke. Denn die Wechselbeziehung zwischen dem Gläubigen und dem Heiligen Geist ist so fein, dass man kaum eine klare Linie zwischen meinem Sprechen und Seiner Eingabe ziehen kann. Die Versuchung, wenn dieser Gedanke kommt, ist, sich zurückzuziehen und die Gabe zu verleugnen oder sie nicht mehr anzuwenden. Letztlich kann unser Vertrauen nicht in der Erfahrung selbst liegen, sondern in Gottes Wort. Er hat versprochen, mir keinen Stein zu geben, wenn ich um Brot bitte (Matthäus 7:9). Wenn du die Gabe weiterhin anwendest, wirst du diesen Test schaffen.[51]

Mit etwas Übung lernt der Gläubige zu schätzen, dass nicht er die Worte und Klänge hervorbringt. In vielerlei Hinsicht kann dies mit anderen Erfahrungen verglichen werden, in denen die Abgrenzung zwischen Gottes und unserer Tätigkeit fließend ist. Beispielsweise brauchte ich eine lange Zeit, um zu erkennen, dass die „strömenden Gedanken" bei meinen Gebetsgängen keine Ablenkungen waren, sondern Gottes Art, mir Seine Gedanken zu übermitteln. Ich war immer frustriert, wenn ich von der Fürbitte durch Predigtideen oder allgemeine Gemeindeangelegenheiten abgelenkt wurde. Aber die Predigtgedanken waren oft „nicht von dieser Welt", und ich begann aufmerksam zu werden. Nach gewisser Zeit wird die geistliche Gabe der Zungenrede genauso

51 Ebd., 131.

verfestigt. Nicht wir bilden die Worte, sondern sie sprudeln aus einer anderen Quelle, nämlich aus Gott.

Eine zweite Versuchung plagt die meisten Christen, welche die Gabe der Zungenrede empfangen haben. Obwohl es einige anfängliche Begeisterung über die vom Geist gegebenen Worte gibt, lässt der erste Enthusiasmus oft schnell nach. Denn diese Gabe kommt nicht mit dem erhofften „Wow-Effekt." Die Gefühle bei der Zungenrede sind die gleichen wie beim Beten in Deutsch oder anderen bekannten Sprachen. Manchmal fühlt man eine Aufladung mit der Gegenwart Gottes, aber zu anderen Zeiten nähern wir uns noch an mit Lobpreis und Buße. Gewöhnlich ist es ein Prozess; wir lassen unsere Sorgen und Geschäfte hinter uns und erfahren die Innigkeit zu Gott.

Zuerst sind viele Christen über die Gabe der Zungenrede begeistert. Dann stellen sie aber fest, dass diese Gabe keine größeren emotionalen Höhen garantiert. So kämpfen sie mit einigen Enttäuschungen, was mögliche Langeweile noch verschlimmert. Da der Verstand bei der Sprachenrede nicht beschäftigt ist, kann er sich bei der Ausübung langweilen. Für viele Christen ist es eine Offenbarung, dass die beständige Ausübung des Betens in Zungen Disziplin und Ausdauer verlangt. Als ich diese Gabe empfing, war ich bei der Anwendung zunächst gleichgültig. Ich brauchte Monate, um das Beten in Zungen in meine regelmäßigen Gebetsgewohnheiten einzubauen. Ich musste mich selbst daran erinnern, dass Gott mir die Gabe wahrscheinlich aus einem Grund gegeben hatte. Deshalb sollte ich das Geschenk gut verwalten.

Du solltest die Gabe weiterhin anwenden, denn die Verheißungen und Segnungen Gottes hängen nicht von unseren Gefühlen ab. So schrieb der Apostel Paulus: „Ich möchte aber, dass ihr alle in Sprachen redet." (1. Korinther 14:5)

Anhang A
Praktische Ermutigung

Die vielen umfangreichen Bücher über das Thema des Heiligen Geistes können auf neue Christen einschüchternd wirken. Aber die Erfüllung mit dem Geist ist nicht schwer, denn Jesus ist dabei federführend. Er verlangt kein vollständiges Verständnis, bevor Er die Fülle des Geistes für uns freisetzt. Tun wir Buße und vertrauen Ihm, sind wir bereit und können aufgrund Seiner Güte entspannen. Er ist treu und wird uns, wie verheißen, im Geist taufen.

Manchmal wurden Menschen während ihrer persönlichen Gebetszeit mit dem Geist gefüllt. Aber die übliche biblische Praxis bei der Freisetzung des Geistes war durch das Gebet anderer geisterfüllter Christen. Und dies ist immer noch der einfachste Weg, eine Erfüllung mit dem Heiligen Geist zu empfangen.

Nach meiner begrenzten Erfahrung empfangen die meisten Menschen die Geistestaufe bei Konferenzen, in denen darüber gelehrt und gepredigt wird. In dieser Atmosphäre ist Gott bereit, Sein Wort zu bestätigen, und sie gibt den Teilnehmern genügend Zeit, mit Stolz oder Ängstlichkeit umzugehen. Sowohl die Konferenzleiter als auch die Teilnehmer kommen vorbereitet. Sie setzen ihren Glauben ein, damit Menschen eine Ausgießung des Geistes empfangen. Dabei ist keine Eile notwendig. Und selbst wenn Gott die Freisetzung der Geistestaufe hinauszögern möchte, können dort immer alle Christen Seine Liebe erfahren.

Gott hält Seine Versprechungen immer. Höre deshalb nicht auf, bis du die Fülle des Geistes erlangt hast. Folgendermaßen können wir füreinander oder für uns selbst beten:

Herr Jesus, ich habe Buße über meine Sünden getan, Dich im Glauben angenommen und Vergebung in meiner (Wasser-)Taufe erhalten. Bitte erlaube mir jetzt den Heiligen Geist in Seiner Fülle zu empfangen. Fülle mich! Tränke mich! Schütte den Geist über mir aus! Lösche meinen Durst! Amen.

Nach diesem oder einem ähnlichen Gebet kannst du deine Erfahrung festhalten:

Anhang B
Studienführer

Der folgende Studienführer kann alleine oder für Gruppengespräche genutzt werden. Möge Gott dir bei der Erinnerung an die wichtigen Themen helfen, die in den Kapiteln dieses Buches dargestellt wurden und ebenso bei dem Verständnis Seines Wortes. Wenn du dann deinen Glauben ausübst, bete ich, dass Gott dich mit mehr von Seinem Geist überrascht.

1
Das Wort allein ist nicht genug
Die Erfüllung mit dem Heiligen Geist

Einstieg

1. Welche Erwartungen hast du zu Beginn dieses Studiums?

____

____

____

____

____

2. Warum ist der Heilige Geist deiner Meinung nach oft ein umstrittenes Thema unter Christen?

Rückblick auf Kapitel 1 *(Vorbereitung: Lies Kapitel 1)*

Äußere einfach deine ersten Eindrücke zu Kapitel 1. Dann beschäftige dich mit folgenden Fragen:

1. Lies Lukas 24:45-50 und denke darüber nach, welche Erkenntnis, welchen Glauben und welche Anbetung Gottes die Jünger zu diesem Zeitpunkt hatten. Würdest du sie als geeignete Kandidaten betrachten, um zur Weitergabe der guten Nachricht von Jesus ausgesandt zu werden? Was sagte Jesus und warum? Lies Lukas 24:49; Apostelgeschichte 1:4+5+8.

2. Fielen die Wassertaufe und die Geistestaufe immer zusammen? Schau dir dazu eine oder mehrere dieser Bibelstellen an: Apostelgeschichte 8:14-17; 10:44-48; 19:6. Was wird gemäß Apostelgeschichte 2:38+39 bei jeder Person erwartet, die zum Glauben an Jesus Christus kommt? Welches sind die verschiedenen Funktionen der Wassertaufe und Geistestaufe?

3. Ist der Geist eine Person oder eine Substanz? Siehe Apostelgeschichte 2:1-4, 17+18; Epheser 2:18; Johannes 16:7-15 und Matthäus 28:19.

4. Welches sind die drei Hauptvorteile deines Eintauchens in den Geist? Bestimme sie anhand Jesu Erfahrung bei der Geistestaufe; siehe Lukas 3:21+22; 4:1-13, 16-21.

Was jetzt?

1. Bist du bereit, mehr zu hören und den Versuchungen zu widerstehen, voreilige Schlüsse zu ziehen?

2. Wenn du dich vor der Lehre der Taufe mit dem Heiligen Geist fürchtest, kannst du Gott dann bitten, deine Angst in einen positiven Hunger nach mehr von Ihm zu verwandeln?

2
Die Bibel beschreibt die Geistestaufe

Einstieg

1. Wie offen bist du, um mehr aus dem Wort Gottes zu lernen?

2. Welche Empfindung hast du, wenn es um die Tiefen Gottes geht?

Rückblick auf Kapitel 2 *(Vorbereitung: Lies Kapitel 2)*

Äußere einfach deine ersten Eindrücke zu Kapitel 2. Dann beschäftige dich mit folgenden Fragen:

1. Was ist die Taufe mit dem Heiligen Geist? – Noch ehe die ersten Jünger mit dem Heiligen Geist getauft wurden, hatten sie ein Maß des Geistes in sich. Denn gemäß 1. Korinther 12:3 „… kann niemand sagen „Jesus ist Herr", außer durch den Heiligen Geist" – was können sie dann mehr empfangen? Die Bibel gibt keine wissenschaftlichen Begriffsbestimmungen. Aber man kann sich folgende Bibelstellen dazu anschauen: Lukas 24:49; Apostelgeschichte 1:4-8; 2:2-4; 2:17-21; 10:44-46; 13:52; 19:6.

2. Bist du mit dem Heiligen Geist getauft oder erfüllt? Das Wort „Taufe" bedeutet Eintauchen und vermittelt, dass du in den Heiligen Geist eingetaucht und mit Ihm durchtränkt bist. Hast du dies erfahren oder bist du dazu bestimmt, dies zu erleben? Was legen folgende Bibelstellen nahe? Lukas 24:49; Apostelgeschichte 1:4-8; 2:2-4; 2:17-21; 10;44-46; 13:52; 19:6.

3. Bist ist du gemäß Römer 8:14-16 dazu bestimmt, ein Bewusstsein des Heiligen Geistes in deinem Leben zu haben? Sollst du immer die Nähe des Geistes in dir erfahren? Siehe Römer 5:5 und 1. Thessalonicher 1:5-7; aber ebenso Markus 15:34: Lukas 4:1-13; und 1. Korinther 1:8.

Was jetzt?

1. Wie zuversichtlich bist du, dass der Heilige Geist dir deine Errettung beteuert?

2. Bist du bereit, im Sieg über die Sünde zu wandeln, ermächtigt durch die Heiligkeit des Heiligen Geistes?

3. Welche Schritte willst du gehen, um das Reich Gottes auszudehnen und erfolgreich in der Missionsarbeit zu sein?

3
Jeder kann den Heiligen Geist empfangen

Einstieg

1. Was ist dein kostbarster Besitz, und wie viel warst du bereit, dafür zu investieren und zu opfern?

2. Wie brennend möchtest du etwas von Gott empfangen?

3. Wie leicht ist es, von Gott zu empfangen?

Rückblick auf Kapitel 3 *(Vorbereitung: Lies Kapitel 3)*

Äußere einfach deine ersten Eindrücke zu Kapitel 3. Dann beschäftige dich mit folgenden Fragen:

1. In Apostelgeschichte 8:16+17 kam der Heilige Geist nach der Wassertaufe und ohne Handauflegung. Aber in Apostelgeschichte 10:44-48 kam der Heilige Geist vor der Wassertaufe und dem Auflegen der Hände. Warum wird keiner bestimmten Methode gefolgt und so der Heilige Geist angenommen? Was bedeutet das für uns?

2. Nachdem die Jünger mit dem Heiligen Geist getauft waren (Apostelgeschichte 2:2+3), wurden sie in Apostelgeschichte 4:31 noch einmal mit dem Heiligen Geist erfüllt. Wie die Jünger benötigst du beständig die Erfüllung und Wiedererfüllung mit dem Heiligen Geist. Bist du dir dieser Dynamik der Gegenwart des Geistes in deinem Leben bewusst? Bist du empfindsam für das Auf und Ab Seiner Bewegung in deiner Tätigkeit und Nachfolge?

3. Wie viele Christen können die Taufe oder Erfüllung mit dem Heiligen Geist empfangen? Siehe Apostelgeschichte 2:38+39 und Lukas 11:9-13.

4. Eines der geistlichen Prinzipien zur Vorbereitung auf den Empfang des Heiligen Geistes ist die Buße. Wie sorgfältig solltest du gemäß dem Willen Gottes bei deiner Umkehr sein? Siehe Apostelgeschichte 2:37+38; Hebräer 12:14 und Lukas 14:25-35.

5. Ein weiteres Prinzip zur Vorbereitung auf dem Empfang des Heiligen Geistes ist, Glauben in das Wort Gottes zu setzen. Ähnelt Apostelgeschichte 19:2 irgendwie deiner Situation? Was sagen folgende Bibelstellen über Glauben und Unglauben aus? Matthäus 17:20; Markus 6:5+6.

6. Ein weiteres Prinzip zur Vorbereitung auf den Empfang des Heiligen Geistes ist, dafür zu beten. Hast du jemals ein Gebet für die Erfüllung mit dem Heiligen Geist formuliert? Was lehrt Lukas 11:9-13 über solch ein Gebet?

7. Ein nächstes Prinzip zur Vorbereitung auf den Empfang des Heiligen Geistes ist die Methode des Handauflegens. Siehe Apostelgeschichte 8:17+18; 19:6 und 2. Timotheus 1:6. Wärst du glücklich, wenn ein anderer Christ dir auf diese Weise dient?

8. Ein weiteres Prinzip zur Vorbereitung auf den Empfang des Heiligen Geistes ist, auf Ihn zu warten. Siehe Apostelgeschichte 1:4+5. Was könnte der Nutzen einer Wartezeit sein, bevor du die Erfüllung mit dem Heiligen Geist empfängst?

Was jetzt?

1. Nachdem du darüber gelesen und gehört hast, wie sehr willst du immer noch den Heiligen Geist empfangen?

2. Bist du vorbereitet, um Zeit, Energie und Disziplin für Folgendes aufzuwenden?

- 1. Tue Buße und wende dich vollkommen von allem ab, von dem du weißt, dass es falsch ist.
- 2. Lege deinen Glauben in Jesus und vertraue der Verheißung, dass du die Erfüllungen und Wiedererfüllungen des Heiligen Geistes empfängst.
- 3. Bete um den Heiligen Geist.
- 4. Bitte andere Christen, dir die Hände aufzulegen und für dich zu beten.
- 5. Warte auf das Kommen des Heiligen Geistes.

4
Wirst du ihm immer noch dienen?
Der Heilige Geist und Leiden

Einstieg

1. Was macht dich wirklich glücklich?

2. Erwartest du eine positive Erfahrung durch die Taufe mit dem Heiligen Geist? In welcher Hinsicht?

3. Wie leicht ist es, ein Christ zu sein?

Rückblick auf Kapitel 4 *(Vorbereitung: Lies Kapitel 4)*

Äußere einfach deine ersten Eindrücke zu Kapitel 4. Dann beschäftige dich mit folgenden Fragen:

1. Warum waren laut Lukas 24:25+26 die Jünger langsam zum Glauben? Warum haben immer noch einige Probleme mit einem geisterfüllten Leben, das gleichzeitig mit Leiden verbunden ist?

2. Welches Problem hatten die geisterfüllten Korinther gemäß 1. Korinther 3:1-3 und 1. Korinther 13:1+2? Wie könnte Gott dieses Problem konfrontieren? Siehe 5. Mose 8:1-5; Hebräer 2:10; 5:7-9 und Hebräer 12:5-11.

3. Warum ist gemäß Apostelgeschichte 2:37 sogar unsere Bekehrung für uns mit Leiden verbunden?

4. Kannst du das Gleiche wie John Bunyan und der Apostel Paulus sagen? John Bunyan: „Durch diese Bibelstelle musste ich erkennen, falls ich jemals auf richtige Weise leiden sollte, ich zuerst alles in den Tod geben müsste, das mir in diesem Leben irgendwie wichtig sein könnte, einschließlich mich selbst, meine Frau, meine Kinder, meine Gesundheit, mein Vergnügen. Alles müsste für mich tot sein, sowie ich für dieses tot sein müsste. Das *zweite* ist, *von dem unsichtbaren Gott zu leben*, wie Paulus an einer anderen Stelle sagte. Um nicht schwach zu werden, sollten „wir nicht auf das Sichtbare schauen, sondern auf das Unsichtbare; denn das Sichtbare ist zeitlich, das Unsichtbare aber ewig" (vergleiche 2. Korinther 4:18). Der Apostel Paulus: „Mir aber sei es fern, mich zu rühmen als nur des Kreuzes unseres Herrn Jesus Christus, durch das mir die Welt gekreuzigt ist und ich der Welt (Galater 6:14). Wie radikal ist dies?

5. Sogar der geisterfüllte Jesus sah vierzig Tagen Disziplin und Versuchungen ins Auge, damit er den geeigneten Charakter entwickeln konnte, um mit der Kraft des Geistes umgehen zu können, ohne bestechlich zu werden (siehe Lukas 4:1-15). Was kannst du dann von Gott erwarten?

6. Welchem Gott dienst du? Ist Er immer „sanft" zu dir?

7. Brennst du jetzt immer noch darauf, im Heiligen Geist getränkt zu sein, oder hast du aufgrund der damit verbundenen Kosten das Interesse verloren?

8. Kannst du einige Segnungen aufzählen, die aufgrund der Leiden von Christen hervorkamen?

Was jetzt?

1. Kannst du Gott erlauben, Bedrängnis in deinem Leben zu gebrauchen, um den Charakter hervorzubringen, der mit der Kraft des Geistes umgehen kann, ohne bestechlich zu werden?

___

___

___

2. Kannst du dich selbst und andere ermutigen, geduldig zu ertragen?

___

___

___

5
Die Torheit setzt sich fort
Die Manifestationen des Heiligen Geistes

Einstieg

1. Welche Art Verhalten widerstrebt dir wirklich?

___

___

___

2. Bist du dir irgendeines eigenen Verhaltens bewusst, das auf andere sehr stören wirken kann?

Rückblick auf Kapitel 5 *(Vorbereitung: Lies Kapitel 5)*

Äußere einfach deine ersten Eindrücke zu Kapitel 5. Dann beschäftige dich mit folgenden Fragen:

1. Wie verärgerte Jesus die Ihn umgebenden Menschen? Störst du dich noch an folgenden Taten oder Umstände? Siehe Johannes 1:46; Lukas 7:34; Matthäus 12:24; Johannes 6:61 und 1. Korinther 1:18-25.

2. Was brachte Menschen bei der erstmaligen Erfüllung mit dem Heiligen Geist auf? Siehe Apostelgeschichte 2:13.

3. Die Bibel kennt Menschen, welche in der Gegenwart Gottes zu Boden fielen (siehe Daniel 8:17; 10:7-10, 15-19; 1. Könige 8:10+11; Johannes 18:5; Offenbarung 1:17); Gesichter strahlten übernatürlich (siehe 2. Mose 34:29-35; Apostelgeschichte 6:15), Trancezustände (siehe Apostelgeschichte 10:10; 2. Korinther 5:12+13); zeitlich begrenzte Blindheit (siehe Apostelgeschichte 9:8+9) oder Taubheit (siehe Lukas 1:22); Trompetenklänge (siehe 2. Mose 19:19) und Naturphänomene wie Rauch und Erdbeben (siehe 1. Könige 8:10+11; Matthäus 27:51), Blitze und Donner (siehe 2. Mose 19:16-19). Ist irgendetwas unter diesen Phänomenen und Manifestation, was dich stört? Warum?

4. Warum würde Gott Sein eigenes Werk gefährden, indem Er dich verärgert? Siehe 1. Korinther 1:27-29 und Lukas 10:21

5. Wie gehst du mit Manifestationen um? Welche Gefahren gibt es dabei? Was kann dir bei der Unterscheidung helfen? Siehe 2. Korinther 11:4; Matthäus 13:24-30; Matthäus 7:20; 1. Korinther 14:40.

6. Bezogen auf Jesu Worte in Matthäus 7:20, „An ihren Früchten werdet ihr sie erkennen", formulierte Jonathan Edwards fünf Fragen, die bei der Unterscheidung einer echten Bewegung des Heiligen Geistes helfen können: 1. Ehrt sie die Person Jesus Christus? 2. Bringt sie einen größeren Hass auf die Sünde und eine größere Liebe für die Gerechtigkeit? 3. Liefert sie eine größere Beachtung für die Bibel? 4. Führt sie Menschen in die Wahrheit? 5. Produziert sie eine größere Liebe für Gott und Menschen? Wie können diese Fragen geistliche Manifestationen in eine gereifte Perspektive bringen? Was ist bezüglich Errettung wichtig? Siehe Lukas 24:47 und Apostelgeschichte 2:21+38.

7. Um die Fülle des Geistes zu empfangen, was könntest du mehr tun, um die Manifestationen des Geistes und ihre „Torheiten" anzunehmen?

Was jetzt?

1. Kannst du dich dazu verpflichten, keine Verärgerung über Gottes „Torheit" aufkommen zu lassen?

2. Kannst du Gott erlauben, Seine Gegenwart in dir nach Seinem Wunsch zu manifestieren?

6
Die Schlacht beginnt
Der Heilige Geist und geistlicher Kampf

Einstieg

1. Warst du jemals in der Gefahr verletzt oder sogar getötet zu werden? Was hast du getan, und wie hast du dich gefühlt?

____

____

____

____

2. Kannst du mit Konflikten umgehen? Bist du zuversichtlich, ängstlich, einfallsreich, weist ihre Anwesenheit zurück, bist fähig Spannung zu entschärfen usw.?

____

____

____

____

Rückblick auf Kapitel 6 *(Vorbereitung: Lies Kapitel 6)*

Äußere einfach deine ersten Eindrücke zu Kapitel 6. Dann beschäftige dich mit folgenden Fragen:

1. Wie sehr glaubst du und glaubt die Welt dem folgenden Zitat eines christlichen Theologen: „Man kann nicht elektrisches Licht und Radioapparat benutzen ... und gleichzeitig an die Geister- und Wunderwelt des Neuen Testaments glauben. Und wer meint, es für seine Person tun zu können, muss sich klar machen, dass er, wenn er das für die Haltung des christlichen Glaubens erklärt, damit die christliche Verkündigung in der Gegenwart unverständlich und unmöglich macht."

2. Wie zentral ist gemäß der Bibel der Widerstreit zwischen Satan und deinem Glauben? Siehe Apostelgeschichte 10:38; Lukas 22:53; Kolosser 2:15; 1. Johannes 3:8.

3. Wie zentral ist gemäß der Bibel der Widerstreit zwischen Satan und deinen täglichen Erfahrungen als Christ? Siehe Epheser 2:1-10; 4:27; 6:12; 2. Korinther 4:4; Apostelgeschichte 26:17+18.

4. Führst du dein Leben, indem du die Wahrheit des geistlichen Kampfes anerkennst? Bist du dir bewusst, dass du im Kampf den Bereich des Satans angehst? Bereitest du dich täglich auf den Kampf vor? Wirst du anfällig, wenn du diesen Aspekt deines Glaubens und der geistlichen Wahrheit herunterspielst?

5. Warum brauchst du die Erfüllung mit dem Heiligen Geist beim geistlichen Kampf oder bei der Missionsarbeit? Siehe Lukas 24:49; Apostelgeschichte 1:8; Apostelgeschichte 10:38.

6. Beachte die Verbindung zwischen Jesu Taufe mit dem Heiligen Geist (siehe Lukas 3:21+22), der Abwehr Satans (siehe Lukas 4:1+2) und dem fortwährenden Kampf mit dem Bereich Satans, Menschen aus seiner Macht zu befreien (siehe Lukas 4:18+19; 31-44). Was kannst du somit nach der Erfüllung mit dem Heiligen Geist erwarten?

7. Wie kannst du die Vorgänge aus Markus 1:21-28 erklären?

8. Welche der Waffen gibt es beim geistlichen Kampf? Siehe Epheser 6:10-18.

9. Wie wandte Jesus das „Schwert des Geistes" in Lukas 4:1-13 an? Wie ging der geisterfüllte Jesus mit Seinem Mangel an positiven Gefühlen und Erfahrungen zu dieser Zeit um?

Was jetzt?

1. Können sich bequeme Christen in geisterfüllte Soldaten verändern, die den Bereich Satans im Kampf angehen? Kannst du Disziplin lernen?

2. Kannst du deinen Bedarf an Kraft zugeben und so eine Erfüllung mit dem Heiligen Geist suchen?

7
Die Zungenrede ist ein Geschenk

Einstieg

1. Welches ist einer der peinlichsten Momente in deinem Leben gewesen?

2. Gibt es irgendetwas in der Gemeinde, das du peinlich oder irgendwie seltsam findest? Warum?

Rückblick auf Kapitel 7 *(Vorbereitung: Lies Kapitel 7)*

Äußere einfach deine ersten Eindrücke zu Kapitel 7. Dann beschäftige dich mit folgenden Fragen:

1. Hast du jemals jemanden in Sprachen reden gehört? Wie fühlst du dich, wenn dies geschieht?

2. Wie viel Lehre hast du über die geistliche Gabe der Sprachenrede erhalten, bevor du dieses Buch gelesen hast? Wurdest du dazu ermutigt, diese Gabe zu empfangen?

3. Ist die Gabe der Zungenrede notwendig, um errettet zu werden? Siehe Markus 16:16 und Epheser 2:8.

4. Wie viele Christen empfingen die Gabe der Zungenrede in Apostelgeschichte 2:4; 10:44-46 und Apostelgeschichte 19:6?

5. Viele Christen wollen alle geistlichen Gaben, ausgenommen die Gabe der Zungenrede, empfangen. Ist deine Haltung ähnlich? Kann ein Widerstand gegen die Gabe der Zungenrede die Geistestaufe einer Person blockieren (siehe 1. Korinther 1:25; Jakobus 3:1-12; 4:6)?

6. Wofür kann man die Zungenrede einsetzen? Siehe Apostelgeschichte 2:11; 1. Korinther 14:2-4, 13+14+27 und Römer 8:26.

7. Beachte die folgenden Zitate: „Viele Menschen erwarten, ergriffen, überwältigt und geradezu gezwungen zu werden, in Sprachen zu reden. Aber auf diese Weise behandelt uns der Geist nicht. Er leitet, ermutigt, fordert auf und gibt – aber Er zwingt nicht. Der Anfang kann eine Silbe sein, ein Wort, ein Satz in Gedanken; für den Verstand ist es ein unbedeutender Klang, aber wenn es ausgesprochen wird, führt es in eine neue Zunge hinein. Oder es kann eine bestimmte „Bewegung des Geistes" auf der Zunge oder den Lippen sein, welche Silben oder Worte formt, wenn jemand seine Stimme zur Verfügung stellt. Oder es kann ein schwer zu beschreibendes spontanes Aussprechen sein, weil es so persönlich ist. Die Erfahrungen der Menschen zu Beginn scheinen stark zu variieren. Aber sobald damit begonnen wurde, ist das Phänomen ziemlich beständig: Eine spontane und für gewöhnlich fließende Sprache, in welcher die Worte nicht durch den Verstand eingegeben werden, sondern durch den Geist." „Sobald eine Person in Sprachen geredet hat, kann sie es willentlich immer wieder tun." – Wie empfangen Menschen die Sprachenrede?

8. Wie übst du Glauben aus und arbeitest mit dem Geist zusammen, wenn du die Gabe der Sprachenrede empfängst?

9. Welche zwei Versuchungen können die Gabe der Sprachenrede abschwächen, nachdem sie empfangen wurde?

10. Ist die geistliche Gabe der Zungenrede für dich gedacht?

Was jetzt?

1. Ist jetzt für dich die Zeit gekommen, nach der Geistestaufe zu suchen und darum zu beten?

2. Darfst du gleichzeitig um die Gabe der Zungenrede bitten?

Über den Autor

Edgar Mayer ist ein ordinierter Pastor der Lutherischen Kirche in Australien und leitet die Gemeinde Living Grace in Toowoomba. Er erhielt seinen Abschluss bei dem Australian Lutheran College in Adelaide und promovierte zum Doktor der Theologie in Deutschland, wo er geboren wurde. Edgar und seine Frau Tatjana sind mit zwei Töchtern gesegnet, Dominique und Francisca.

Wenn du den Autor kontaktieren möchtest, bitte sende ein E-Mail an: **mayeredgar@optusnet.com.au** oder besuche seine Website: **www.livinggracetoowoomba.org**

John G. Lake

Die Kraft göttlicher Heilung

Dieses Buch gibt Einblick in das Leben eines Mannes, der von Zeichen und Wundern umgeben war und in allem Gott die Ehre gab. Erstaunliche Heilungen und Befreiungen von dämonischen Belastungen werden detailliert berichtet. Nach viel Krankheit und Leid bei Familienangehörigen und der Heilung zweier seiner Geschwister und seiner Frau, war John G. Lake nicht länger bereit, sich dem Wirken des Teufels zu ergeben. Es wuchs in ihm der unerschütterliche Glaube, dass Heilung jedem Kind Gottes gehört. Seine Predigten zeigen: Auch heute werden göttliche Machttaten durch jeden offenbar, der dem Wort Gottes gemäß handelt.